KB210494

도서출판 대장간은
쇠를 달구어 연장을 만들듯이
생각을 다듬어 기독교 가치관을
바르게 세우는 곳입니다.

대장간이란 이름에는
사라져가는 복음의 능력을 되살리고,
낡은 것을 새롭게 풀무질하며, 잘못된 것을
바로 세우겠다는 의지가 담겨져 있습니다.

www.daejanggan.org

Luthers Predigten über das Heil

Martin Luther

믿음과 사랑 안내서

루터, 구원을 설교하다

마틴 루터 지음 | 권진호 번역·해설

믿음과 사랑 안내서

루터, 구원을 설교하다

지은이   마틴 루터
번역/해설 권 진 호
초판발행 2020년 3월 16일

펴낸이   배용하
책임편집 이승호

등록   제364-2008-000013호
펴낸 곳   도서출판 대장간
          www.daejanggan.org
등록한 곳 충청남도 논산시 가야곡면 매죽헌로1176번길 8-54

분류   루터 | 구원론 | 설교
편집부   전화 (041) 742-1424
영업부   전화 (041) 742-1424 · 전송 0303 0959-1424
ISBN   978-89-7071-511-7 03230

 값 15,000원

한국 교회의 개혁에 대한 요구가 오늘날처럼 필요하며 거센 적은 없습니다. 교회가 사회에 끼치는 영향력은 줄어들고 부정적인 이미지는 오히려 커가고 있습니다. 목회자와 신학자, 심지어 평신도 대표자들도 이런 현실을 직시하고 교회와 소속 교단의 개혁을 외치고 있음을 자주 볼 수 있습니다. 그럼, 어떻게 교회를 개혁할 것인가요? 이 질문에 대해 16세기 루터의 종교개혁에서 해답을 찾고자 합니다.

사실, 교회의 개혁에 대한 요구는 이미 고대교회와 중세교회에도 있었습니다. 하지만 루터의 종교개혁은 이와는 다른 차이점과 강조점이 있습니다. 무엇보다 개혁의 주체가 다릅니다. 루터는 "교회의 개혁은 … 하나님 홀로 하시는 일이다"WA 1,627,29-30라고 강조하며 종교개혁의 주체를 인간이 아니라 하나님으로 보았습니다. 이것은 하나님의 말씀이 홀로 역사하시도록 한다는 의미입니다. 다시 말해, 하나님이 설교를 통해 교회를 개혁하신다는 것입니다.

종교개혁자 루터가 1521년 보름스Worms 제국의회에서 제국 추방령을 받고 바르트부르크Wartburg성에 머무는 동안, 비텐베르크Wittenberg에서 급진적인 개혁 운동과 소요가 일어났습니다.[1] 루터의 종교개혁 가르침을 교회 규정에 적용하는 과정에서 이견과 열광주의적

행동이 있었던 것입니다. 특히 칼슈타트Andreas Bodenstein von Karlstadt, 1486-1541는 교회를 갱신하고자 신속하고도 단호한 조처를 하였습니다. 이러한 혼란을 해결하기 위해 루터는 바르트부르크성을 떠나 1522년 3월 6일에 비텐베르크로 돌아왔습니다. 그리고 3월 9일부터 16일까지 7일간 매일 비텐베르크 시립교회의 강단에 서서 설교를 하였습니다.소위 "사순절 설교" Invocavitpredigten2) 루터는 이 설교들을 통하여 교회의 개혁과 갱신에 관한 문제와 더불어 종교개혁의 전략을 소개하였습니다.

루터는 특히 두 번째 설교에서 종교개혁의 실제적인 내용을 분명하게 하였습니다.3) 그는 종교개혁의 핵심을 그리스도의 삶과 본질에서 찾으며 그것을 믿음과 사랑이라고 강조합니다.

> 믿음은 하나님을 향한 것이고, 사랑은 사람과 이웃을 향한 것입니다.

그리스도인의 삶과 본질은 그리스도 안에 있는 하나님의 은혜에 기인합니다. 하나님의 은혜는 우리의 공로로 받는 것이 아니라, 하나님의 자비하심으로 값없이 받는 것입니다. 여기서 루터는 그리스도인이 주목해야 할 두 가지를 언급합니다. 반드시 있어야 하는 '필수적인 것'과 선택할 수 있는 '자유로운 일'입니다. 이 가운데 절대적으로 있어야 하는 '필수적인 것'은 '그리스도를 믿는 것'이며 이것은 그리스도인 삶과 본질에 해당합니다. 반면, 사랑은 물론 그리스도인의 삶과 본질에 속하고 그리스도인에게 있어야 하지만 '자유로운 것'입니다. 사랑은 강요하지 않으며 엄격하게 대하지 않기 때문입니다.

루터는 그리스도인의 삶과 본질을 설명하는 가운데 설교의 본질과 중요성을 다음과 같이 강조합니다. "우리는 누구의 머리카락도 잡아채지 말고, 오히려 하나님께 모든 결정을 맡기고 우리의 도움이나 행위 없이 하나님의 말씀만 역사하시도록 해야 합니다." 설교가는 인간으로서 설교를 듣는 사람의 마음을 마음대로 다룰 수 없기 때문이라는 것입니다.

하나님만이 모든 사람의 마음을 회심하게도, 완고하게도 하실 수 있습니다. 저는 제 말로 사람의 귀까지는 가까이 갈 수 있지만 마음에는 도달하게 할 수 없습니다. … 하나님은 이것을 홀로 행하시며 원하시는 때, 원하는 장소에서 사람 마음속에 소생하도록 하십니다.

우리는 루터의 설교에서 우리 행위를 하나님의 말씀에 추가하거나 우리 행위를 통해서 하나님의 일을 성취하려고 해서는 안 되며 오직 말씀만을 선포해야 한다는 사실을 기억해야 합니다. 그리고 그 결과는 오직 하나님께 맡겨야 합니다.

루터의 설교와 설교가로서의 그의 행적에는 중요한 의미가 담겨 있습니다. 무엇보다도 종교개혁자 루터는 설교가였습니다.[4] 그의 설교, 설교에 대한 묵상과 준비, 강단에서의 설교 선포는 사실 종교개혁과 결코 분리될 수 없습니다. 종교개혁은 설교를 통해 일어났으며 본질적으로 설교 부흥운동이었다고 할 수 있습니다. 즉 설교가 없었다면 종교개혁은 일어나지 않았을 것입니다.

종교개혁에서 결정적인 역할과 복음의 진수를 보여준 루터의 설교를 소개하기 위해 역자는 루터의 설교 15편을 선별하여 번역하였습니다. 이 설교들의 주제는 그리스도인 정수精髓로 요약할 수 있습니다. 즉, 그리스도인의 정체성의 본질과 중요요소는 믿음과 사랑선행입니다. 설교란 당연히 구원을 목표로 하나님의 말씀을 선포하는 것이지만 루터의 설교에는 그러한 특징들이 더욱 두드러지게 나타납니다. 루터는 일관되게 '오직 믿음'으로 의롭게 된다고 강조합니다. 하지만 이 믿음은 "우리 안에서 이루어지는 하나님의 역사"이기에 쉬지 않고 역사하여 사랑과 선행의 열매를 맺도록 한다는 사실 또한 강조합니다. 루터에게 '오직 믿음'은 갈라디아서 5장 6절 말씀처럼 '사랑으로써 역사하는 믿음'을 의미합니다. 이것은 루터가 쓴 『그리스도인의 자유에 관한 논고』(1520)[5]의 주제일 뿐만 아니라 루터 설교의 전형적인 주제이기도 합니다.[6]

이 책에 소개되는 루터의 설교들 역시 그리스도인을 그리스도인답게 만드는, 다시 말해 그리스도인의 품격을 구성하는 믿음과 사랑에 초점을 맞추고 있습니다. 믿음과 사랑 없이는 하나님 마음에 들 수 없다는 것이 그의 주장입니다. 믿음은 하나님께 좋은 것을 기대하며 하나님만을 의지하고 신뢰하는 것입니다. 이 믿음으로 하나님의 사랑과 자비를 깨닫고 마음의 변화를 받아, 하나님이 행하신 것처럼 우리도 이웃에게 기꺼이 행하고자 하는 사랑으로 충만하게 됩니다. 결국, 믿음을 가진 사람은 사랑으로 이웃을 섬기되, 즐거운 마음으로, 값없이, 대가를 바라지 않고 이웃에게 선행을 하게 됩니다.

루터는 행위를 전혀 소홀히 하지 않았습니다. 그는 믿음의 열매, 성화를 강조하는 설교를 하였습니다. 여기서 중요한 것은 오직 믿음을 통해서만 선행을 할 수 있다는 사실입니다. 현실적으로 믿음과 행위의 관계를 적절하게 설교하기도, 그 설교를 바르게 이해하기도 쉽지 않습니다. 오늘날 많은 신앙인들이 믿음과 행위를 오해합니다. 믿음과 행위를 분리하여 방종한 신앙생활을 하거나, 바리새적인 경건주의에 빠지기도 합니다. 루터 당시에도 마찬가지였습니다. 그래서 루터는 복음적인 설교란 믿음과 사랑의 주제를 균형 있게 설교하는 것임을 강조하며 설교가에게 믿음과 사랑을 적절하게 강조하는 중도의 설교를 하도록 권면하였습니다.

복음의 정수를 잘 보여주는 루터의 설교들이 한국 교회의 강단에서 선포되어 그리스도인 삶의 본질을 추구하는 성도들에게 도움이 되길 간절히 기도합니다. 한국 교회의 성도들이 믿음과 사랑을 가진 참된 그리스도인의 품격을 갖추게 되기까지.

이 책이 나오는 데 도움을 주신 분들이 많습니다. 루터의 설교에 관심을 가지고 설교 원고를 꼼꼼히 읽고 교정해주신 박보영 권사님, 루터 설교를 매끄럽게 교정해준 이유미 신학생에게 감사의 마음을 전합니다. 또한 루터의 신학에 관심을 가지고 목회에 적용하기 위해 애쓰며 역자에게 늘 좋은 제안을 해주는 이민수 목사에게도 고마움을 전합니다. 마지막으로, 여러 학기 동안 루터에 관한 강의에 관심을 갖고 열심히 배우고 질문하며 토론에 참여한 목원대학교 신학생들에게 감사드립니다. 이들과 함께 한 시간이 없었다면 이 책은 나오지 못했을 것입니다. 부디 이들이 신학교에서 배우고 깨달은 복음적 설교를 통해 한국 교회의 강단을 바르게 세워나가는 참된 설교가들이 되기를 간절히 바랍니다.

2020년 2월
역자 권진호

1. 성서 본문은 개정 개역 인용을 원칙으로 하되, 필요한 경우 루터의 설교 성서 구절을 그대로 번역하였다. 사실, 루터는 라틴어 불가타 Vulgata 성서를 번역하여 인용하거나, 성서 원문 헬라어, 히브리어로부터 직접 자유롭게 번역하여 인용하기도 하였다.

2. 번역은 원문의 의미를 그대로 표현하는 것을 원칙으로 하되, 내용상 의미 전달이 어려운 경우 부분적으로 수정하였음을 밝힌다. 그리고 루터의 설교 내용이 우리의 현실과 매우 동떨어진 부분은 일부 생략하였다.

3. 설교 제목은 당시 출판된 설교집에 제목이 나와 있는 경우를 제외하고는 역자가 설교 내용에 따라 임의로 정하였다. 설교의 문단 소제목 역시 독자의 이해를 돕기 위해 임의로 정한 것이다.

4. 보충설명이나 독자 이해의 편의를 위한 설명의 경우 첨자를 사용하였다.

5. WA는 Weimarer Ausgabe의 루터작품을 의미한다. WA 6,10,7 는 루터작품 바이마르 전집 6권 10쪽 7번째 줄을 뜻한다.

차례

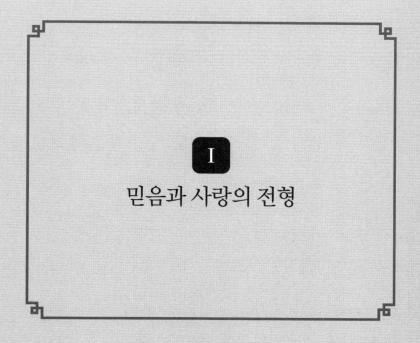

I

믿음과 사랑의 전형

1. 나사로와 부자의 믿음과 사랑

성경본문: 누가복음 16장 19-31절

"한 부자가 있어 자색 옷과 고운 베옷을 입고 날마다 호화롭게 즐기더라. 그런데 나사로라 이름하는 한 거지가 헌데투성이로 그의 대문 앞에 버려진 채 그 부자의 상에서 떨어지는 것으로 배불리려 하매 심지어 개들이 와서 그 헌데를 핥더라. 이에 그 거지가 죽어 천사들에게 받들려 아브라함의 품에 들어가고 부자도 죽어 장사되매 그가 음부에서 고통 중에 눈을 들어 멀리 아브라함과 그의 품에 있는 나사로를 보고 불러 이르되 아버지 아브라함이여 나를 긍휼히 여기사 나사로를 보내어 그 손가락 끝에 물을 찍어 내 혀를 서늘하게 하소서. 내가 이 불꽃 가운데서 괴로워하나이다. 아브라함이 이르되 얘 너는 살았을 때에 좋은 것을 받았고 나사로는 고난을 받았으니 이것을 기억하라. 이제 그는 여기서 위로를 받고 너는 괴로움을 받느니라. 그뿐 아니라 너희와 우리 사이에 큰 구렁텅이가 놓여 있어 여기서 너희에게 건너가고자 하되 갈 수 없고 거기서 우리에게 건너올 수도 없게 하였느니라. 이르되 그러면 아버지여 구하노니 나사로를 내 아버지의 집에 보내소서. 내 형제 다섯이 있으니 그들에게 증언하게 하여 그들로 이 고통 받는 곳에 오지 않게 하소서. 아브라함이 이르되 그들에게 모세와 선지자들이 있으니 그들에게 들을지니라. 이르되 그렇지 아니하니이다. 아버지 아브라함이여 만일 죽은 자에게서 그들에게 가는 자가 있으면 회개하리이다. 이르되 모세와 선지자들에게 듣지 아니하면 비록 죽은 자 가운데서 살아나는 자가 있을지라도 권함을 받지 아니하리라 하였다 하시니라.”

신앙과 불신앙의 유형, 나사로와 부자

모든 복음서가 믿음과 사랑에 대해 가르치고 있기에 우리는 지금까지 복음서에 나타난 믿음과 사랑의 많은 모범을 들어왔습니다. 여러분이 알고 있는 것처럼 어떤 사람도 믿고 사랑하지 않으면 하나님 마음에 들 수 없습니다. 이제 주님은 오늘 복음서의 말씀에서 믿음과 불신앙의 모범을 보여주시며 우리로 하여금 믿음과 사랑에 반대되는 것을 두려워하고 더욱 열심히 믿음과 사랑에 매달리게 하십니다. 여기에서 우리는 신앙인들과 불신앙인들에 대한 하나님의 판단을 보게 되는데, 그 판단은 불신앙인에게는 무섭지만 신앙인에게는 위로가 됩니다. 이것을 더욱 잘 이해하기 위해, 부자와 거지 나사로를 생각해 보고자 합니다. 우리는 부자에게서 불신앙의 유형을, 나사로에게서 믿음의 유형을 보게 됩니다.

첫 번째 부분

부자의 불신앙 판단 근거

우리는 부자를 그의 겉모습만 보고 판단하면 안 됩니다. 양털 옷을 입은 그의 삶은 화려하고 아름답게 보이기에 그 이면의 이리와 같은 모습은 근사하게 은폐되어 있기 때문입니다. 복음서 말씀에는 그가 세상에서 이성이 정죄할 수 있는 간통, 살인, 도둑질, 오만 혹은 그 밖의 어떤 것을 저질렀다고 꾸짖고 있지 않습니다. 그는 바리새인처럼 한 주에 두 번씩 금식하였으며 존경받을 만한 삶을 살았습니다. 만일 그가 바르게 살지 못했다면, 복음서는 그것을 지적하였을 것입니다. 복음서는 자주색 옷과 음식으로 그를 정확히 묘사하며 그의 외적인 삶과 행위를 보여줍니다만, 하나님은 이러한 외적인 것에 따라 판단하지 않으십니다. 부자는 외적으로 세련되고 거룩한 행실을 하며 자기 자신과 다른 모든 이의 생각에 따라 모세의 모든 율법을 지켰을 것입니다.

그러나 복음서는 날카로운 눈으로 마음의 밑바닥까지 깊이 보기 때문에 우리는 그의 마음을 봐야 하고 그의 영을 겨냥해야 합니다. 복음서는 이성이 꾸짖을 수 없는 행위까지도 꾸짖습니다. 복음서는 양털 옷을 보는 것이 아니라, 주님이 마태복음 7장 17절에서 가르치시는 것처럼 나무의 열매를 보고 나무가 좋은지 좋지 않은지를 구분합니다. 우리가 이 부자의 열매들을 본다면 불신앙의 마음과 좋지 않은 나무를 발견하게 될 것입니다. 복음은 그를 정죄하고 있습니다. 그는 날마다 맛있게 먹고 화려하게 입었지만, 이성은 이것을 특별히 큰 죄로 간주하지 않습니다. 위선자들조차도 그것은 바르고 가치가 있고 거룩한 삶으로 공로를 얻을 만하다고 생각합니다. 이 부자가 처벌받은 것은 그가 맛있는 음식을 먹고 화려한 옷을 입었기 때문이 아니었습니다. 솔로몬, 에스더, 다윗, 다니엘 등과 같은 많은 거룩한 왕들과 왕비들도 이미 화려한 옷을 입었습니다. 부자가 처벌을 받은 것은, 그의 마음이 그러한 것을 추구하였고 얻으려고 애썼기 때문입니다. 또한 그것에 집착하여 그것을 택하였고 그것을 그의 모든 기쁨과 즐거움, 그의 소망, 심지어 그의 우상으로 삼았기 때문입니다. 이러한 사실을 그리스도는 '날마다'라는 단어로 보여주십니다. 즉 부자는 날마다 그렇게 살았던 것입니다. 그는 그러한 삶을 열심히 추구하고 택했습니다. 그는 강요받거나 우연히 혹은 일 때문에 또는 이웃을 돕기 위해 그곳에 있던 것이 아니라, 단지 그곳에서 자신을 위해서 살았고 자신을 돌보았으며 그것을 즐거움으로 삼았음을 알 수 있습니다.

믿음의 특징

우리는 악한 열매불신앙의 열매에서 그의 마음의 은밀한 죄, 즉 불신앙을 알아챌 수 있습니다. 믿음은 화려한 옷이나 맛있는 음식, 심지어 재산, 명예, 즐거움, 힘 등 하나님이 아닌 어떤 것도 바라지 않습니다. 믿음은 최상의 선이신 하나님 외에 다른 것은 추구하지도, 얻으려고 노력하지도, 매달리지도 않습니다. 음식이 맛이 있거나 없거나, 옷이 화려하거나 소박하거나 문제 되지 않습니다. 믿음을 가진 자는 자신이 화려한 옷을 입고 큰 권력과 명예를 갖고 있을지라도 그것을 주목하지 않습니다. 그런 외적인 것은 강요를 통해 또는 우연한 기회로 얻게 되거나 다른 사람을 섬기기 위해 행하게 됩니다. 에스더는 왕관을 억지로 쓴다고 말했습니다. 그녀는 왕을 위해 그것을 해야 했습니다. 다윗 역시 평범하길 원했으나, 하나님과 백성을 위해 왕이 되어야 했습니다.

모든 신앙인은 그렇게 행합니다. 강요로 권력과 명예와 영광을 얻게 되지만 마음으로는 항상 그것들을 멀리하며, 그러한 외적인 것들을 이웃을 섬기기 위해 사용합니다. 이에 대해 시편 역시 말합니다.

재물이 늘어도 거기에 마음을 두지 말지어다. 시 62:10

불신앙의 특징

그러나 불신앙은 재물에 몰두하며 매달리고 재물을 추구하며 그것을 얻을 때까지는 마음의 안식이 없습니다. 또 그것을 얻은 후에는 배설물 가운데 있는 암퇘지처럼 그것을 즐기고 포식하며 동시에 그것에서 행복을 발견합니다. 그는 자신의 마음이 하나님과 어떤 관계에 있고, 하나님으로부터 무엇을 받았는지, 또 하나님으로부터 무엇을 기대할 것인지 전혀 관심이 없습니다. 자신의 배욕심가 그의 하나님일 뿐입니다. 자신이 원한 것을 얻을 수 없다면, 일이 바르게 진행되지 않고 있다고 생각합니다. 보십시오. 불신앙이 맺는 혐오스러운 악한 열매들을 이 부자는 보지 못하고 있습니다. 그가 자신의 바리새인 같은 선한 행위로 자신의 눈을 멀게 하고 악한 열매들을 은폐 했기 때문입니다. 결국 그는 완고해져서 어떤 가르침이나 권고나 위협이나 약속도 더 이상 그를 돕지 못하게 됩니다. 이러한 불신앙이 바로 복음이 벌하고 저주하는 은밀한 죄입니다.

불신앙의 열매인 '사랑하지 않음'

불신앙으로부터 다른 죄가 나오게 됩니다. 바로 자신의 이웃에 대한 사랑을 잊고 사는 죄입니다. 그는 가난한 나사로를 문 앞에 그대로 있게 했으며 그를 돕지 않았습니다. 그가 직접 나사로를 돕지 않았을지라도 자신의 종들에게 그를 축사로 데려가 돌보라고 명령할 수도 있었습니다. 그러나 그는 하나님과 그의 선하심에 대해 전혀 알지 못했습니다. 하나님의 선하심을 느끼고 있는 자는 이웃의 불행도 느끼지만, 하나님의 선하심을 느끼지 못하는 사람은 이웃의 불행을 느끼지 못합니다. 하나님이 그의 마음에 들지 않은 것처럼, 그는 이웃에 대한 연민 역시 갖고 있지 않았습니다.

믿음의 본질

믿음의 본질은 하나님에게서 모든 좋은 것을 기대하며 하나님만을 의지하는 것입니다. 이러한 믿음으로부터 우리는 하나님이 얼마나 선하시고 자비로우신가를 깨닫게 됩니다. 그리고 이러한 인식으로 믿는 자의 마음은 부드럽고 자비롭게 되어, 하나님이 자신에게 행하신 것을 느끼는 것처럼 그도 다른 모든 사람에게 기꺼이 행하기를 원합니다. 따라서 그는 사랑으로 가득하여 일어나 이웃을 섬기는데 온 맘을 다해, 몸과 생명을 다해, 재물과 명예를 걸고, 힘과 정성을 다해 행하게 됩니다. 그리고 하나님이 그에게 행하신 것처럼, 이웃을 위해 모든 것을 사용합니다.

그러므로 그는 건강하고 고위층이고 부유하며 고상하고 거룩한 사람(이런 사람은 그의 도움이 필요하지 않습니다)을 돌보는 것이 아니라, 병들고 약하고 가난하고 무시 받고 죄지은 사람을 돌봅니다. 이것은 그들에게 도움이 될 뿐만 아니라, 그들을 통해 자신의 부드러운 마음을 단련하게 되기에 그에게도 큰 도움이 됩니다. 하나님이 그에게 하신 것처럼 말입니다.

불신앙의 본질

불신앙의 본질은 하나님에게서 어떤 선한 것도 기대하지 않는 것입니다. 이러한 불신앙은 마음의 눈을 멀게 하여 하나님이 얼마나 선하고 은혜로우신가를 느끼지도, 깨닫지도 못하게 합니다. 시편 14편

1절이 말하듯이, 그는 하나님을 존경하지 않습니다. 그 결과, 그의 마음은 완고하고 무자비하게 되어 어떤 사람도 섬기고자 하지 않으며, 오히려 다른 사람을 모욕하고자 합니다. 왜냐하면 그는 하나님에게서 어떤 선한 것도 느끼지 못하는 것처럼, 이웃에게 선한 것을 행하고자 하는 마음이 전혀 없기 때문입니다. 오히려 그는 병들고 업신여김을 받고 가난한 사람을 돌보기보다는,(사실 그는 이들에게 도움이 되며 자선을 베풀 수 있으며 또한 그렇게 해야 하지만) 자신의 눈을 위로 높이 올려 고위층이며 부유하고 힘 있는 자들을 봅니다.(그는 이들로부터 유익과 이익과 기쁨과 명예를 얻을 수 있기 때문입니다)

믿음과 사랑은 함께 한다

우리는 부자의 예에서 믿음이 없는 곳에 사랑이 있을 수 없으며, 사랑이 없는 곳에 믿음이 있다는 것은 불가능하다는 사실을 알게 됩니다. 믿음과 사랑은 서로 함께 있고자 하며 또한 함께 있어야 하기 때문입니다. 신앙인은 모든 사람을 사랑하고 섬겨야 합니다. 그러나 불신앙의 마음은 모든 사람에게 적대적이며, 모든 사람의 섬김을 받고자 합니다. 그리고 그는 양가죽 같은 위선적인 행위로 자신의 극악하고 그릇된 죄들을 덮습니다. 이것은 마치 나뭇가지로 자신의 목을 가리고서는 자기 몸 전체가 감춰졌다고 생각하는 어리석은 타조와 같습니다. 여기서 당신은 불신앙보다 더 눈이 멀고 무자비한 것은 없다는 사실을 보게 됩니다. 왜냐하면 여기서 가난한 나사로에 대해 보잘것없는 개들이 부자보다 더 자비로웠기 때문입니다. 개들은 가난한 자의 궁핍을 알고 그의 종기를 핥습니다. 그러나 냉혹하고 기만적인 위선자는 무정하여 나사로에게 자기 식탁의 빵부스러기조차 허락하지 않습니다.

불신앙은 이러한 부유한 위선자와 같이 행하도록 하기에 모든 불신앙의 사람은 이러한 모습을 갖고 있습니다. 그들은 여기에 묘사된 부자와 같으며 그의 삶이 보여주는 것처럼 살아갑니다. 특별히 우리 눈앞에 있는 영적인 체하는 이들이 이러한 유형에 속합니다. 그들은 바르고 선한 행위들을 절대로 하지 않습니다. 다만 자기 기분만 좋게 할 뿐 누구도 섬기지 않고 누구에게도 도움이 되지 않으며 오히려 누군가의 섬김을 받으려 합니다. 몇몇 사람들은 맛있는 음식과 옷을 갖고 있지 않을지라도 그러한 모습으로 살아갑니다. 부유한 제후와 영주들은 이들을 뒤따르며 제단과 교회를 세움으로 선해 보이는 많은 위선적인 행위들을 합니다. 그들은 이러한 행위들로, 완고하고 냉혹하며 어느 사람에게도 도움이 되지 않는 매우 교활한 불신앙의 존재, 혹은 이리의 모습을 감춥니다.

두 번째 부분

나사로의 믿음

우리는 가련한 나사로를 그가 지닌 외적인 종기와 가난, 그리고 비참한 모습에 한정하여 바라보아서는 안 됩니다. 많은 사람 역시 불행과 고난을 겪지만, 이를 통해 어떤 것도 얻지 못합니다. 헤롯 대왕 역시 고통을 가지고 있었으나 그것으로 하나님 보시기에 더 나아지지 않았습니다. 가난과 고난 속에 있다고 하여 누구나 하나님께 호감을 사는 것은 아닙니다. 오히려 하나님께 호감을 사고 있는 자의 가난과 고난이 하나님 앞에서 귀중한 것이 되는 것입니다. 이것은 시편 기자가 말하는 것과 같습니다.

> 그의 경건한 자들의 죽음은 여호와께서 보시기에 귀중한 것이로다. 시 116:15

우리는 나사로의 마음을 바라봐야 하고, 그의 종기를 그렇게 귀중하게 만든 보물을 찾아야 합니다. 그것은 바로 그의 믿음과 사랑이었습니다. 히브리서 11장 6절에 쓰여 있는 것처럼, 믿음 없이는 어느 사람도 하나님의 마음에 들 수 없기 때문입니다. 그러므로 그의 마음은 확고하여 가난과 곤경 한가운데서도 하나님으로부터 모든 좋은 것을 기대하며 하나님을 기꺼이 신뢰하였음이 틀림없습니다. 그는 하나님의 자비와 은혜에 충분히 만족하고 그것을 기뻐하며 은혜로운 하나님의 뜻이라면 기꺼이 고통을 겪고자 했습니다. 바로 이러한 모습이 살아 있는 믿음입니다. 이 믿음은 하나님의 자비에 대한 깨달음을 통해 마음을 감동하게 해 스스로 감당하거나 행하기 어려운 일은 거의 없다고 여기게 합니다. 하나님의 은혜를 느낄 때, 믿음이 이에 합당한 마음을 만드는 것입니다.

믿음에서 나오는 열매인 '사랑'

이로부터 다른 미덕인 이웃에 대한 사랑이 나옵니다. 즉, 나사로는 이웃을 기꺼이 섬기고자 하며 또 그렇게 할 준비가 되어있습니다. 하지만 그는 가난하고 궁핍하기 때문에 섬길 수 있는 수단이 아무것도 없습니다. 그래서 그의 선한 의지가 행위로 간주됩니다. 그는 육체적으로 섬기지 못한 것을 영적인 섬김을 통하여 충분히 갚습니다. 죽은 후에 자신의 종기와 배고픔과 곤경으로 세상 전체를 섬기기 때문입니다. 그의 육체적인 배고픔이 우리의 영적인 배고픔을 채우고, 그의 육적인 벌거숭이가 우리의 영적인 벌거숭이를 옷 입히며, 그의 육적인 종기가 우리의 영적인 종기를 치유합니다. 그는 우리가 믿음을 가진다면, 이 땅에서 우리가 곤궁 가운데 있을 때라도 하나님이 우리를 좋아하신다는 것을 자신의 예를 통하여 우리를 위로하며 가르칩니다. 그리고 우리가 잘 지낸다고 해도 불신앙 가운데 있다면, 하나님은 우리에게 진노하시겠다고 경고합니다. 하나님이 곤궁 속에 있는 나사로는 좋아하시되 부자는 마음에 들어 하지 않으신 것처럼 말입니다.

나사로의 영적인 섬김

이 가난한 나사로가 자기 종기와 배고픔과 가난을 통하여 행한 것처럼, 세상의 모든 재화로 그러한 섬김을 할 수 있는 왕이 존재할까요? 하나님이, 여기서 영리해 보이지만 바보인 이성과 세상 지혜의 체면을 얼마나 멋지게 깎으십니까! 하나님의 행하심과 판단은 놀라우십니다. 이성과 세상의 지혜는 가난한 나사로의 상처보다는 부자의 아름다운 자색 옷을 즐겨 바라보고, 건강하고 아름다운 사람을 즐겨 보며, 그의 상처의 악취 앞에서 자신의 코를 막고 그의 약점으로부터 눈을 돌립니다. 그러는 사이에 하나님은 그 위대한 바보가 고귀하고 값비싼 보물을 그냥 지나치도록 하시고, 침묵 가운데 자신의 판단을 말씀하시면서 가련한 사람을 귀하고 존경받는 자로 만드셔서 어떤 왕이라도 그를 섬기거나 그의 종기를 닦을 만한 가치도 없게 만드십니다. 나사로의 종기와 가난과 곤경을 자신의 건강과 자색 옷과 왕관으로 기꺼이 얻고자할 왕이 어디 있겠습니까? 부자의 자색 옷과 모든 부富를 오물로 얻고자 할 사람이 어디 있을까요? 당신은 다음과 같이 생각하지 않겠습니까?

만일 이 부자가 그렇게 어리석지 않아서 고귀하고 값비싼 보물과 하나님의 귀한 사람이 그의 문 앞에 누워 있다는 사실을 깨달았다면, 밖으로 달려나가 그의 종기를 닦아주고 입맞춤했을 것이고, 그를 자신이 갖고 있는 최고급 침대에 눕게 하였을 것이며, 그의 모든 자색 옷과 부귀로 그를 섬기지 않았겠는가?

그러나 하나님의 판단이 내려지고 부자가 그 일을 했다면 좋았을 그 시각에, 그는 그 사실을 보지 못했습니다. 그때 하나님은 다음과 같이 생각하셨습니다.

너는 그를 섬길 만한 가치도 없다.

하나님의 심판과 판단이 끝난 후에, 현명한 바보는 주위를 둘러봅니다. 이제 그는 지옥에서 고생하고 있으므로 이전에는 단 한 조각의 빵도 주기를 원치 않던 나사로에게 집과 농장을 주고자 하며, 이전에는 단 한 번도 만져지기를 원치 않았던 자신의 혀를 나사로가 손가락 끝으로 시원하게 해주기를 바랍니다.

보십시오! 하나님은 날마다 그러한 판단과 행위로 세상을 채우시지만 어느 누구도 그것을 보지 못하고 모두가 그것을 경시합니다. 하나님이 우리에게 최고의 보물로 제시하신 가난한 자들과 곤궁한 자들이 우리 눈앞에 있으나, 우리는 그들로부터 눈을 감아버리고, 하나님이 거기서 행하시는 것을 보지 못합니다. 그 후에 하나님이 행하기를 중지하시고 우리가 보물을 잃게 되면, 비로소 우리는 가서 섬기기를 원합니다. 그렇게 되면 때는 이미 지나가 버리고 만 것입니다. 우리는 그들의 옷과 신발과 그릇을 성물聖物로 만들며, 성지순례를 하며, 그들 무덤 위에 교회를 짓습니다. 계속해서 수많은 어리석은 행위를 하며, 살아 있는 참된 성자들을 발로 밟고, 더 이상 필요하지 않은 곳에서 그들의 의복들을 숭배합니다. 주님은 이런 우리를 보시고 이렇게 판단하십니다.

> 화 있을진저, 외식하는 서기관들과 바리새인들이여, 너희는 선지자들의 무덤을 만들고 의인들의 비석을 꾸미는 도다. 너희의 조상들이 그들을 죽였고 너희는 그들의 무덤을 지었고, 너희가 선지자를 죽인 자의 자손임을 스스로 증명함이로다. 마 23:29-31

바른 믿음의 전형인 나사로의 믿음

모든 신자는 가련한 나사로의 유형에 속하는 참된 나사로입니다. 왜냐하면 그들은 나사로와 동일한 믿음과 생각과 의지를 갖고 있기 때문입니다. 그리고 나사로같이 되기를 원치 않는 자는 분명 부유한 탐욕자와 함께 지옥의 불 가운데 있게 될 것입니다.

우리는 모두 나사로처럼 바른 믿음으로 하나님을 신뢰해야 하며 선한 의지를 가지고 행하고 모든 사람을 섬길 준비가 되어있어야 합니다. 우리가 모두 그러한 종기와 가난을 겪지 않는다고 할지라도, 나사로와 같은 의지와 생각이 우리 안에 있어야 합니다. 하나님이 원하시는 것이라면 무엇이든 기꺼이 수용해야 합니다. 왜냐하면 욥과 다윗과 아브라함이 가난하면서 또한 부유했던 것처럼 그러한 영혼의 가난은 (부자들뿐만 아니라) 모든 믿는 자들에게 있어야 하기 때문입니다. 다윗은 시편39:12에서 "나는 주와 함께하는 나그네이며 나의 모든 조상처럼 떠도나이다"라고 말합니다. 어떻게 커다란 땅과 도시들을 가진 왕이 가난한 나그네처럼 떠돌 수 있었습니까? 그의 마음은 소유물에 매달리지 않았으며, 그에게 모든 것은 하나님 앞에서의 재화에 비하면 아무것도 아니었기 때문입니다. 또한 나사로는 자신의 건강에 대해서도 하나님 앞에서의 건강에 비하면 아무것도 아니라고 했습니다.

그래서 그는 외적인 종기와 질병조차도 참을 수 있었던 것입니다. 아브라함 역시 비록 나사로처럼 그러한 가난과 질병을 갖고 있지는 않았지만 나사로와 동일한 생각과 의지를 갖고 있었습니다. 즉, 하나님이 그에게 허락하신 것이라면 무엇이든 수용하고자 하였던 것입니다. 왜냐하면 성자들은 외적으로는 동일한 행위와 고난을 가질 수 없다고 해도 내적으로는 동일한 생각과 용기를 가져야 하기 때문입니다. 그러므로 아브라함도 그러한 나사로를 자신에게 속한 사람으로 인정하고 그를 자신의 품에 받아들였습니다. 만일 그가 나사로와 같이 생각하지 않고 나사로의 가난과 질병을 기뻐하지 않았다면 그런 일을 행하지 않았을 것입니다. 우리는 이 복음서의 요약과 주장에서 믿음이 얼마나 곳곳에서 복되게 하고 불신앙이 얼마나 저주받게 하는지 보게 됩니다.^{이하 생략 7)}

2. 바리새인과 세리의 기도

성경본문: 누가복음 18장 9-14절

"또 자기를 의롭다고 믿고 다른 사람을 멸시하는 자들에게 이 비유로 말씀하시되 두 사람이 기도하러 성전에 올라가니 하나는 바리새인이요 하나는 세리라. 바리새인은 서서 따로 기도하여 이르되 하나님이여 나는 다른 사람들 곧 토색, 불의, 간음을 하는 자들과 같지 아니하고 이 세리와도 같지 아니함을 감사하나이다. 나는 이레에 두 번씩 금식하고 또 소득의 십일조를 드리나이다 하고 세리는 멀리 서서 감히 눈을 들어 하늘을 쳐다보지도 못하고 다만 가슴을 치며 이르되 하나님이여 불쌍히 여기소서 나는 죄인이로소이다 하였느니라. 내가 너희에게 이르노니 이에 저 바리새인이 아니고 이 사람이 의롭다 하심을 받고 그의 집으로 내려갔느니라. 무릇 자기를 높이는 자는 낮아지고 자기를 낮추는 자는 높아지리라 하시니라."

누가는 행위의 의를 선포한 것처럼 보인다

이 복음은 하나님이 거룩한 사람과 경건한 자를 어떻게 심판하시는지 그 모습과 예를 보여줍니다. 여기에는 두 사람이 나옵니다. 한 사람은 참으로 경건한 자이고, 다른 한 사람은 경건한 자로 포장된 위선자입니다. 그러나 두 사람을 판단하기에 앞서 우리는 복음서 저자 누가가, 의가 마치 행위를 통해서 오는 것처럼 서술하고 있음에 먼저 주목해야 합니다. 누가는 대부분 그런 내용을 서술하곤 하였습니다. 오직 믿음만이 복되게 한다고 설교하기 때문에, 오늘날 일어나는 것처럼 그 시대 사람들 역시 믿기만 하면 된다는 생각에 믿음의 능력과 열매들을 소홀히 했었기 때문입니다. 요한과 야고보 역시 서신서에서 그러한 맥락으로 서술함으로, 믿음이 행위 없이는 올바르지 않다는 사실을 보여주었습니다. 누가는 머리말에서 다음과 같이 말하고 있습니다.

나는 그들요한, 야고보이 어떻게 오직 믿음만이 복되게 하는가에 대해 많은 것을 썼다는 것을 압니다. 그들은 사람들이 오직 그것을 위해 노력하고 하나님의 믿음을 받아들이도록 만듭니다. 그러므로 나는 사람들이 자신의 믿음을 증명할 수 있는 수단인 행위에 관해서도 서술해야 합니다.

누가복음 곳곳에는 "용서하라, 그러면 너희는 용서받을 것이다. 불의한 맘몬으로 친구를 삼으라"라는 말씀처럼 마치 의가 행위를 통해서 오는 것처럼 말하는 것으로 들립니다.[8] 오늘 본문도 그렇게 보이는데, 세리가 기도와 가슴을 치는 행위를 통해 의를 얻은 것처럼 보입니다. 복음서는 마치 우리가 행위를 통해 경건하게 되어야 한다는 듯이 서술하고 있습니다.

의가 선행보다 우선한다

여러분은 종종 사람이 선한 것을 행하기에 앞서 무엇보다도 경건의 해야만 한다는 말을 들어 왔습니다. 좋은 나무는 악한 열매를 맺을 수 없고, 반대로 악한 나무는 좋은 열매를 맺을 수 없다는 사실이 항상 유효하기 때문입니다. 그러므로 인간도 선한 것을 행하려면 먼저 의로워져야 합니다. 그래서 오늘 말씀에서도 세리가 자신의 가슴을 쳤음을 먼저 서술하고 이에 근거하여 그를 의로운 자로 판단한 것입니다. 이 내용은 우리의 눈을 열어 우리 시선이 행위로 향하지 않도록 하기 위한 것입니다. 그러므로 여러분은 여기서 그의 마음을 보아야 하고 행위가 아닌 마음에 따라 판단해야 합니다. 마음이 의로우면 모든 것이 의롭기 때문입니다. 만일 제가 여기서 세리를 행위에 따라 판단하고자 한다면 그 즉시로 잘못된 길로 가게 됩니다. 그에게서는 죄 이외에 어떤 것도 발견할 수 없기 때문입니다.

마찬가지로 만일 제가 여기서 바리새인을 외적인 생활과 행위에 따라 판단하고자 한다면 그것 역시 잘못입니다. 왜냐하면 그는 거룩한 도시에 서 있고, 하나님을 찬양하고 감사하며 최상의 기도를 드리고 있기 때문입니다. 그는 금식하고 빌린 돈의 이자를 갚고 자신이 해야 할 의무를 각 사람에게 행하며 고귀한 일이든 천한 일이든 성실히 행하였습니다. 요약하면, 그의 모든 것은 내적으로도 외적으로도 빛이 납니다. 그가 자신을 판단하는 것처럼 모든 사람도 그를 그렇게 판단합니다. 우리는 그렇게 빛나고 존경할만한 삶을 꾸짖을 수 없습니다. 성자 바바라Barbara나 세바스티안Sebastian이 아닌[9] 하나님께 영광 돌리기 위해 하나님을 찬양하고 금식하며 빚진 것을 갚는 것이 선하지 않다고 누가 말할 수 있겠습니까?

오직 말씀을 들음으로 믿음이 온다

세리는 경건하고 바리새인은 악하다고 판단해야 한다면, 저는 두 사람의 마음을 보아야 합니다. 그러나 그리스도가 너희는 열매로 그들을 알게 될 것이라고 말씀하신 것처럼 저는 행위를 통하지 않고서는 그들의 마음 안으로 들어갈 수 없습니다. 그러므로 저는 다음과 같이 말하고자 합니다. 세리는 우선 하나님에 관한 말씀을 들었고,

그 말씀이 그의 마음에 들어갔습니다. 그는 그 말씀을 믿었고 결국 (바울이 말하듯이) 경건하게 되었습니다. 즉, 말씀이 마음에 들어오면 믿음이 생기고, 그럴 때 인간은 깨끗하고 경건하게 됩니다. 복음서 기자는 그가 어디에서 복음을 들었는지 말하고 있지 않지만, 그는 분명 다른 곳에서 복음을 들었습니다. 세리가 다음과 같이 말하기 때문입니다.

하나님, 죄인인 저에게 은혜를 베푸소서!눅 18:13

이것은 이성으로는 깨달을 수 없는 사실입니다. 따라서 겸손하게 자신의 죄를 깨닫고 하나님을 부르고 은혜를 갈망하는 모든 자에게 하나님은 은혜로우시고 관대하시고 친절하시다는 사실이 그의 마음에 먼저 알려졌음이 틀림없습니다. 그는 위로와 신뢰를 하나님께 두는 모든 자에게 하나님은 근본적으로 은혜롭게 행하신다는 사실을 들은 것입니다. 그는 이 사실을 복음으로부터 들었을 것입니다. 그러므로 우리 구원의 시작은 우리 행위에 있는 것이 아니라, 하나님의 말씀에 있습니다. 하나님이 먼저 말씀을 우리 마음에 울려 퍼지도록 하셔야 합니다. 이를 통하여 우리는 하나님을 인식할 수 있고, 하나님을 믿을 수 있으며, 그 이후에 선한 행위를 할 수 있습니다.

그러므로 우리는 세리가 하나님의 말씀을 틀림없이 먼저 들었음을 여기서 깨달아야 합니다. 이렇게 이해하지 않으면 문제가 생깁니다. 그 일은 쉬워 보이지 않습니다. 왜냐하면 누가는 믿음보다는 열매와 외적인 일, 흥미로운 일을 더 거세게 몰아붙이기 때문입니다. 그것은 복음과 내적인 믿음보다는 외적인 본질과 생활이 더 두드러져 보이게 합니다. 그럼에도 불구하고 우리는 세리가 복음을 들어 믿음을 갖고 있었다는 사실을 간파해야 합니다. 세리는 복음을 듣고 믿었기 때문에 자기 가슴을 친 것입니다. 만일 그가 마음에 믿음을 갖고 있지 않았다면, 가슴을 치는 일과 회개는 일어나지 않았을 것입니다. 이것은 하나님의 가르침이 맺는 참된 열매입니다. 하나님은 시편에서 말하는 것처럼, 찬양의 제사 이외에는 다른 것을 원하시지 않습니다.

> 감사로 제사를 드리는 자가 나를 영화롭게 하나니 그의 행위를
> 옳게 하는 자에게 내가 하나님의 구원을 보이리라. 시 50:23

세리도 이 길을 가며 하나님께 감사를 드리고, 자신의 죄를 인정하며 자신을 책망하고, 하나님을 찬양하고, 자신을 무익하게 여기고 자신에 대한 진리를 받아들입니다. 그러므로 우리는 그의 행위를 찬양하고 칭찬해야 합니다. 그는 하나님께 영광을 돌리고 바른 예배를 드리고 있기 때문입니다. "죄인인 저에게 은혜를 베푸소서"라는 그의 말은 마치 그가 "저는 악한 자입니다. 저는 당신의 말씀을 인정하며 고백합니다"라고 말하는 것과 같습니다. 여기서 여러분은 그가 진리를 고백하며 하나님으로부터 비난을 받으며 부끄러움을 당하고자

하고, 심지어 스스로 그것을 행하며 자신을 매우 낮추고 있음을 보게 됩니다. 그리고 그 이후에 다시금 높이 올라 하나님은 온화하고 자비하시지만 자기 자신에게는 죄밖에 없다고 고백하며 하나님께 영광을 돌리는 것을 보게 됩니다. 이것은 믿음의 바른 열매입니다. 그래서 우리는 열매로부터 나무, 즉 세리의 믿음을 깨닫게 됩니다.

세리의 믿음과 그 열매

그리스도가 이 사람이 의롭다 여김을 받고 집에 돌아갔다고 말씀하신 것에 대해 생각해 보고자 합니다. 사실 세리는 자신의 가슴을 치기 전에 이미 경건의하였습니다. 그럼, 왜 그리스도는 그렇게 말씀하신 것일까요? 그것은 제가 종종 말한 바와 같습니다. 믿음이 바르면 그 믿음은 분출하여 열매를 맺습니다. 나무가 푸르고 건강하면, 거기서 멈추지 않고 나아가 잎들을 내고 열매를 맺게 됩니다. 그것은 자연스러운 일이며 나무에게 다음과 같이 명령할 필요가 없습니다.

나무야 들으라, 사과를 맺으라!

나무가 자라면 어떤 명령이 없어도 열매는 뒤따르기 때문입니다. 믿음이 그곳에 있다면 행위는 뒤따라 올 수밖에 없습니다. 제가 죄인임을 깨닫는다면, "오 하나님, 저는 불량한 자입니다"라고 자연스럽게 고백하게 됩니다. 비록 세리가 모든 죄인 앞에서 패망할지라도 그 사실을 주목하지 않고 시편처럼 자유하게 말합니다.

> 저는 믿었습니다. 그러므로 당신의 이름을 고백했고 찬양했습니
> 다. 제가 하나님의 자비를 믿고 매달리지 않는다면, 그리고 제가
> 구원자의 잔을 받고 하나님의 은혜를 부르지 않는다면, 저는 죄
> 인이기 때문에 이제 파멸할 것을 압니다.시 116:10-13

그렇게 믿음은 아래로 내던져지고 분출하여 행위를 통해 확신하
게 됩니다. 만일 그런 일이 생기면, 즉 제가 겉으로 드러나고 사람이
나 사탄을 꺼리지 않으며 아래로 던져지고, 교만하게 어떤 높은 것을
알고자 하지 않고 나 자신을 이 땅 위에 있는 매우 가련한 죄인으로
여긴다면, 저와 사람들은 믿음이 있음을 알게 됩니다. 이것이 저의
믿음을 확신하게 합니다. 그러므로 그리스도는 다음과 같이 말씀하
십니다.

> 그는 의롭다 함을 받고 내려갔다.눅 18:14

그래서 믿음은 우두머리로서 구원을 갖고 있지만, 행위는 우리를
확신하게 만드는 증언입니다. 이처럼 우리는 외적인 변화에서 믿음
이 바르다는 사실을 이해할 수 있습니다. 아브라함이 아들을 바쳤을
때도 그와 같습니다. 그때 하나님이 "내가 이제야 네가 나를 경외하
는 줄 안다"라고 말씀하셨습니다. 그렇습니다. 만일 아브라함이 하

나님을 경외하지 않았다면, 그는 자기 아들을 바치지 않았을 것입니다. 그러나 이 일^{아들을 바친 것}을 통해 하나님은 아브라함의 경외함이 **빼**어나다는 것을 아셨습니다. 우리는 이러한 사실을 주목하고자 합니다. 사도 누가와 베드로가 행위에 관하여 그렇게 많이 말한 것은, 우리가 "이제 믿어야지"라고 생각하며 날조된 믿음을 갖도록 하기 위한 것이 아닙니다. 맥주 위의 거품처럼, 오직 마음 위에 떠 있는 믿음은 거짓된 믿음입니다. 그러면 안 됩니다.

믿음이란 살아 있고 본질적인 것으로, 사람을 완전히 새롭게 하고 심성^{감정}을 변화시키며 사람을 완전히 뒤바꿔 놓습니다. 믿음은 근원에까지 다다라 전인(全人)을 갱신시킵니다. 이전에 죄인을 봤다면, 이제는 다른 행동, 다른 존재와 다른 삶을 보게 됩니다. 이러한 사실로부터 믿음의 존재를 깨닫게 됩니다. 바른 믿음이란 그렇게 위대한 것입니다. 그러므로 성령 역시 행하도록 강하게 재촉하셨는데 이는 행위가 믿음의 결과이자 증언이 되도록 하기 위한 것입니다. 선행이 없는 사람들을 볼 때 우리는 그들이 믿음에 관하여 들었지만 믿음이 그들의 근원에까지 이르지는 않았다고 결론 내릴 수 있습니다. 만일 당신이 교만, 부정, 진노, 탐욕에 놓여 있으면서도 믿음에 관하여 많이 말하고자 한다면, 사도 바울이 와서 다음과 같이 말할 것입니다.

너는 들으라, 하나님의 나라는 말에 있지 않고, 행함에 있으며,^{고전 4:20} 그것은 단지 설교와 말뿐만이 아니라 삶과 행동으로 세워지는 것이다.

중도의 길

우리는 두 측면에서 오류를 범합니다. 오직 믿음만을 설교하면, 우리는 열매나 행위들을 게을리하려고 합니다. 행위를 강조하여 설교하면, 우리는 행위에 기대는 일에 빠지게 됩니다. 그러므로 우리는 중도를 가야 합니다. 믿음만이 경건하게 하고 복되게 하고, 또한 믿음이 바르다는 것을 당신의 행위로 증명해야 합니다. 하나님은 기만을 참지 못하시기에 당신의 믿음의 증거인 행위, 즉 자발적이고 값없이 이루어진 행위를 칭찬하는 설교를 당신에게 하신 것입니다. 하나님은 행위를 하도록 하셨습니다. 만일 여러분이 믿으면, 여러분은 하늘을 가진 것입니다. 그러나 여러분 자신을 속이지 않도록 행위를 하십시오! 주님도 요한복음 13장에서 잘 보여주셨습니다.

> 나는 너희에게 서로 사랑하라고 명령한다. 너희가 서로 사랑한다면, 이것에서 누구나 너희가 내 제자임을 깨닫게 될 것이다. 요 13:34-35

또한 요한복음 13장 15절도 말씀합니다.

> 내가 너희에게 하는 것처럼 너희도 각각 다른 사람에게 행하도록 나는 너희의 모범이 되었다.

여기서 그리스도는 다음과 같이 말씀하고자 하신 것입니다.

너희는 이제 내 친구이다. 그러나 사람들이 너희가 내 친구라는 사실을 너희 마음의 믿음으로는 알지 못하기에, 너희는 믿음을 사랑으로 나타내야 한다. 물론, 열매가 너희를 구원받게 하고 내 친구가 되도록 하는 것은 아니다. 그 일은 오직 믿음이 하는 것이기 때문이다. 그러나 열매로 그것_{믿음 있음}을 증명해야 한다.

그러므로 다음 사실을 주목하기 바랍니다. 믿음만이 경건_의하게 만들지만, 믿음은 우리 안에 위대한 삶과 값진 보물로서 감춰져 있습니다. 따라서 믿음은, 믿음을 증언하며 하나님의 은혜를 찬양하고 인간의 행위_{공로적 행위}를 정죄하는 선행을 통하여 드러나야 합니다. 당신은 또한 눈을 아래로 향하여 이웃을 섬기고 이웃을 하나님께 이끌어야 합니다. 이 일을 위해 하나님이 당신을 살도록 하신 것입니다. 그렇지 않다면, 사람들이 당신의 머리를 즉시 끊을 수도 있습니다.

세리의 두 의

여러분은 믿음과 행위의 바른 관계를 경건한 사람 세리에게서 바르게 보게 됩니다. 여러분은 두 종류의 심판을 발견합니다. 심판의 근거는 숨겨져 있는 믿음입니다. 하지만 이후에 믿음은 느껴지고 겉으로 드러나게 됩니다. 그_{경건한 사람}는 열매로써 저와 당신을 섬깁니다. 그는 눈을 아래로 향하여 하나님을 찬양하는 겸손함으로 또한 저를 섬깁니다. 제가 죄 안에서 꼼짝 못 하고 있을 때 "보십시오, 세리

역시 죄인이었습니다"라고 말할 수 있기 때문입니다. 세리는 말합니다.

> 하나님, 저에게 은혜와 자비를 베푸소서.

이것이 저에게 필요한 것을 공급합니다. 만일 언젠가 저 자신의 죄를 본다면, 저는 그의 예를 마음속으로 생각하고 이것으로부터 필요한 것을 공급받으며 다음과 같이 말할 것입니다.

> 아, 하나님, 저는 세리로부터 당신은 가련한 죄인들에게 은혜로우시다는 사실을 깨닫습니다.

그렇게 세리는 내적으로 믿음을 갖고 있었고, 외적으로는 저에게 열매들을 나누어 주었습니다. 그는 바른길을 걸어가되 한편으로 하나님에 대한 믿음을 통하여, 다른 한편으로 나에 대한 행위를 통하여 올바르게 행합니다. 그는 하나님을 찬양하면서 하나님께 영광을 돌려드리고 믿음으로 하나님께 나아갑니다. 또한 그는 제가 간청해야 하는 말들을 대신함으로 사랑의 의무를 다합니다. 이로써 그는 저와 하나님께 해야 할 모든 일을 했습니다. 믿음이 그를 이렇게 하도록 이끈 것입니다. 저는 세리를 믿음에 따라 판단합니다.영적인 심판 그는 육체로는 전혀 유익하지 않습니다. 위선자는 가까이 와서는 그를 주목하지도 바라보지도 않으며, 그의 믿음을 보지도 않습니다. 그를 홀

대하며 오직 그의 죄만 바라봅니다. 하나님이 그의 명성을 뒤바꾸시며 그를 변화시키셨음을 알지 못합니다. 그래서 육적인 인간이 죄인을 외적인 행위에 따라서 판단하고자 한다면 실수할 수밖에 없습니다. 죄인을 육적외적인 행위에 따라 판단해서는 안 됩니다.

바리새인의 문제는 마음에 있다

이제 다른 사람을 바라봅시다. 거기에는 매우 아름다운 행위가 있습니다. 첫째로, 그는 자신이 한 주에 두 번씩 금식하며 하나님을 경외한 사실을 하나님께 감사했습니다. 그는 모든 소유물의 십일조를 드렸고, 자신의 결혼을 정직하게 유지하며 깨뜨리지 않았습니다. 누구에게도 폭력을 행사하지 않았으며, 누구의 것도 취하지 않았습니다. 만일 이러한 삶이 존경받지 못한다면 놀랄 일일 것입니다. 세상의 눈에 따르면 그를 나무랄 것이 아니라 칭찬해야만 할 것입니다. 그 사람 스스로 그렇게 행합니다. 그런데 이때 하나님이 오셔서 이모든 일은 하나님을 모독하는 것에 불과하다고 말씀하십니다. 도대체 어찌 된 판단입니까! 그의 행위 절반에도 미치지 못하는 경건하지 못한 수녀들과 수도사들은 여기서 마음속 깊이 전율할 것입니다. 하나님은 우리가 그러한 위선자를 따르기를 원하셨을까요? 바리새인의 문제는 무엇입니까? 그의 문제는 자신의 마음을 인식하지 못했다는 것입니다. 우리는 눈과 마음을 닫음으로 인해 우리 자신이 우리의 가장 큰 원수가 됨을 깨닫게 됩니다. 바리새인은 자신이 느끼는 대로 말하고 있습니다. 만일 누군가가 그에게 "사랑하는 이여, 당신은 말하는 것처럼 마음도 그렇습니까"라고 묻는다면, 그는 그렇다고 맹세할 것입니다. 여기서 당신은 하나님의 칼이 얼마나 깊이 찌르고 영혼의 중심까지 다다르는지 보게 됩니다. 모든 것은 부서지고 아주 멸망하고 겸손해져야 합니다. 그렇지 않으면, 누구도 하나님 앞에 설 수 없습니다. 그래서 경건한 자들은 넘어져야 하고, 창녀의 발, 아니 창녀의 발자국에 입맞춤해야 합니다.

바리새인의 불신앙의 죄

이제 두 사람을 나란히 놓고 비교해 보고자 합니다. 세리는 서서 겸손하게 어떤 금식에 대해 말하지 않고 어떤 선행도 자랑하지 않고, 다만 자신이 죄인이라고만 말할 뿐입니다. 하나님은 이 사실을 부인하지 않으시지만, 또한 이 죄들이 바리새인의 죄들보다 더 큰 것으로 간주하지 않으십니다. 그러므로 악한 죄인들을 멸시하고 자신을 높이는 사람에게 반항하기 바랍니다. 만일 제가 사악한 죄인을 향해 손가락질 한다면, 저는 이미 아래로 던져진 것이고 하나님 앞에서 무익한 존재일 뿐입니다. 그러므로 세리는 "사랑하는 하나님, 제가 다른 사람과 같지 않음을 당신께 감사합니다. 저 세리는 하늘이 내려앉으면 좋겠노라고 거짓말합니다"라고 사는 내내 말한 바리새인보다 더 많고 큰 죄를 짓지 않은 것입니다. 바리새인에게서는 "하나님, 저에게 은혜를 주옵소서"라는 말을 듣지 못합니다. 또한 그에게는 하나님의 자비와 사랑이 잊혀져 있습니다. 하나님은 순전한 은혜, 호의, 자비를 베푸시는 분입니다. 이것을 알지 못하는 자는 시편 기자가 말하는 것처럼 하나님이 없다고 생각합니다.

> 어리석은 자는 그의 마음에 이르기를 하나님이 없다 하는도다.시 14:1

이러한 것은 불신앙인, 즉 자기 자신을 깨닫지 못하는 자와 관련된 것입니다. 그러므로 다시 한번 말씀드립니다. 매우 험악한 죄를 저지른 자라고 해도 "주여, 당신께 감사합니다"라고 말하는 것보다는 더 악하지 않을 것입니다. 하나님은 여기서 "너는 내가 필요하지 않으며 나의 친절, 자비, 사랑, 나의 모든 것을 멸시하고 있다"라고 말씀하시는 것입니다. 그러므로 간음, 살인, 이와 유사한 공공연한 죄들조차 이 죄에 비하면 아무것도 아닙니다. 마음의 불신앙, 우리가 보지 못하는 불신앙이야말로 참된 죄입니다. 수도사와 사제들은 그 죄 가운데 여유로워하며, 타락하고 부패한 백성은 이러한 죄에 온통 파묻혀 있습니다.

바리새인의 불신앙의 열매

더 나아가, 바리새인은 죄인이고자 하지 않음죄인임을 인정하지 않음으로 하나님을 모독하고 거짓말쟁이로 만든 이후, 더 깊이 타락하고 또한 이웃사랑에 거슬러 행합니다. 이것으로 그에게서 모든 계명은 무효화 됩니다. 왜냐하면 그는 하나님을 부인하고 또한 이웃에게 선을 행하지 않기 때문입니다. 모든 것이 파멸하였기에 그는 율법의 한 글자도 성취하지 못하였습니다. 만일 그가 "아 하나님, 이 사람, 저 사람 우리 모두는 죄인입니다. 모든 사람, 여기에 있는 우리 역시 가련한 죄인입니다. 우리를 불쌍히 여겨주옵소서"라고 말하고 자기 자신을 일반인죄 덩어리으로 간주하며 "우리에게 은혜를 베푸소서"라고 말했다면, 그는 하나님의 제1계명을 성취했을 것입니다. 그리고 나서 "아 하나님, 제가 보기에 저 사람세리도 죄인이고 사탄의 목구멍에 놓여 있습니다"라고 말하며 세리를 등에 업어 하나님 앞에 데려가 그를 위해 기도했다면, 바리새인은 그리스도인의 사랑에 대한 다른 계명들 역시 성취했을 것입니다. 바울이 갈라디아서 6장 2절에서 "너희가 짐을 서로 지라"라고 명령하는 것처럼 말입니다.

하지만 그는 와서 자신의 의로움을 찬양합니다. 이것이야말로 독으로 가득한 악한 마음입니다. 게다가 그는 이웃에 대한 미움으로 가득차 있습니다. 만일 하나님이 그에게 심판의 자리를 넘겨주셨다면, 그는 이웃을 심연의 지옥에 던져 넣었을 것입니다. 제가 저만 칭찬받고자 다른 모든 사람을 사탄에게 가도록 한다면, 그것이야말로 증오스럽고 혐오스러운 악의惡意가 아닙니까? 그런데도 외양의 모습이 세련되게 가장되고 꾸며져 있어서, 어떤 사람도 그것을 처벌할 수 없습니다. 이것이 바로 열매로 나무를 안다는 말의 의미입니다. 우리가 그의 마음을 영적인 눈으로 바라본다면, 그가 하나님 모독과 이웃에 대한 미움으로 가득차 있음을 깨닫게 됩니다. 열매로부터 우리는 나무가 악하다는 사실을 깨닫습니다. 행위는 그 자체로는 악하지 않습니다. 그러나 마음의 뿌리가 선하지 않기에, 그것이 또한 행위를 악하게 만드는 것입니다. 열매는 그렇게 우리가 주의하도록 주어진 것입니다.

세리의 믿음과 그 열매

이제 또한 다른 사람의 마음을 봅시다. 여기에는 믿음이 있습니다. 이에 따라 행위 또한 선하고 온 세상을 섬깁니다. 세리는 인간은 겸손해야 하고 하나님을 찬양해야 한다는 것을 배웁니다. 하지만 바리새인은 자신의 행위로 교만하고 오만하게 됩니다. 그는 죄에 놓여 있고 그의 영혼은 저주받았습니다. 그런데도 그 교만한 사람은 다른 사람을 죄인으로 정죄하며 자신을 높입니다. 핵심을 말한다면, 그는 선하게 보이는 위선적인 삶으로 온 세상을 현혹한다는 것입니다. 그러므로 열매를 보아 판단하듯이 영적인 눈으로 열매들을 바라보아야 합니다. 무엇을 근거로 해서 그것들을 판단합니까? 하나님은 계명을 거울로 주셨습니다. 그 안에서 우리는 무엇이 경건한지, 무엇이 악한 것인지 보게 됩니다. 이 계명은 다음과 같이 말합니다.

주 하나님을 마음과 뜻과 정성을 다하여 사랑하고, 또한 너 자신

처럼 이웃을 사랑하라. 참조. 신 6:5; 마 22:37-39; 눅 10:27

세리의 행위는 하나님을 찬양하고 온 세상을 섬깁니다. 그것은 우리에게 하나님의 구원자에게 이르는 길과 자기인식을 가르쳐줍니다. 그러므로 그것은 선합니다. 그것은 하나님을 찬양하고 이웃의 유익을 위합니다. 반대로, 위선자는 하나님을 모독하고 세상 전체를 자신의 해롭고 독이 있는 행위로 유혹합니다. 우리 가운데 있는 수녀, 수도사, 사제들 역시 그러합니다. 이들은 자신의 위선적인 외적인 모습으로 수많은 다른 사람을 유혹합니다.

이웃사랑 계명의 예외

우리는 모두 같으며 다른 사람보다 자신을 높일 어떤 근거도 없습니다. 한 사람이 다른 사람을 중상하며 판단하고 그에 관해 악한 말을 한다면, 그것은 비방이라는 커다란 죄악에 해당합니다. 물론, 시장市長과 재판관이 죄를 막고 죄를 처벌하는 것은 하나님의 명령으로 이루어지는 것입니다. 왜냐하면 인간은 죄를 막기 위해서는 칼을 필요로 하기 때문입니다. 하나님은 죄를 참지 않으시고, 죄가 태연하게 행해지기를 원치 않으십니다. 불신앙인들에게는 평안, 평화가 없습니다. 사 48:22 혹시라도 하나님이 죄인들을 내적으로는 불안하게 하지 않으실지라도, 물과 불로라도 죄를 제거하여 죄가 남아 있지 않도록 하실 것입니다. 그래서 죄인을 심판하는 시장은 다음과 같이 생각해야 합니다.

> 아 하나님, 저 자신은 가련한 죄인이고 심판받는 자보다 더욱 커
> 다란 죄인일지라도, 작은 도둑을 심판하는 큰 도둑일지라도, 저
> 는 저의 직무를 수행하여, 그를 죄 가운데 내버려 두지 않음으로
> 직무를 최선을 다해 수행하고자 합니다.

> 하나님, 영광 받으옵소서!

3. 나병환자와 백부장의 믿음

성경본문: 마태복음 8장 1-13절

　　"예수께서 산에서 내려 오시니 수많은 무리가 따르니라. 한 나병 환자가 나아와 절하며 이르되 주여 원하시면 저를 깨끗하게 하실 수 있나이다 하거늘 예수께서 손을 내밀어 그에게 대시며 이르시되 내가 원하노니 깨끗함을 받으라 하시니 즉시 그의 나병이 깨끗하여진 지라. 예수께서 이르시되 삼가 아무에게도 이르지 말고 다만 가서 제 사장에게 네 몸을 보이고 모세가 명한 예물을 드려 그들에게 입증하라 하시니라. 예수께서 가버나움에 들어가시니 한 백부장이 나아와 간구하여 이르되 주여 내 하인이 중풍병으로 집에 누워 몹시 괴로워 하나이다. 이르시되 내가 가서 고쳐 주리라. 백부장이 대답하여 이르되 주여 내 집에 들어오심을 나는 감당하지 못하겠사오니 다만 말씀으로만 하옵소서 그러면 내 하인이 낫겠사옵나이다. 나도 남의 수하에 있는 사람이요 내 아래에도 군사가 있으니 이더러 가라 하면 가고 저더러 오라 하면 오고 내 종더러 이것을 하라 하면 하나이다. 예수께서 들으시고 놀랍게 여겨 따르는 자들에게 이르시되 내가 진실로 너희에게 이르노니 이스라엘 중 아무에게서도 이만한 믿음을 보지 못하였노라. 또 너희에게 이르노니 동서로부터 많은 사람이 이르러 아브라함과 이삭과 야곱과 함께 천국에 앉으려니와 그 나라의 본 자손들은 바깥 어두운 데 쫓겨나 거기서 울며 이를 갈게 되리라. 예수께서 백부장에게 이르시되 가라 네 믿은 대로 될지어다 하시니 그 즉시 하인이 나으니라."

믿음과 사랑의 모범

오늘 복음서에서는 믿음과 사랑에 관한 두 가지 모범을 가르쳐주고 있습니다. 하나는 나병환자의 예이고, 다른 하나는 백부장의 예입니다. 우선 나병환자에 대해 생각해 보고자 합니다. 만일 나병환자가 그리스도가 매우 관대하고 은혜로우시며 자신을 치료하실 것이라고 전심으로 신뢰하거나 확신하지 않았다면, 주님께 가서 치료해달라고 감히 간구하지 못했을 것입니다.

왜냐하면 그는 나병에 걸려 있었기 때문입니다. 게다가 율법은 나병환자가 사람들과 함께 있는 것을 금지하였습니다. 그러나 그는 율법의 금지조항과 그리스도 주위에 많은 사람이 있음에도 불구하고, 그리고 그리스도가 자신과 정반대로 정결하고 거룩하심에도 불구하고 그리스도에게로 나아갑니다.

바른 믿음의 모습

여기에서 우리는 그리스도에 대한 믿음이 어떠해야 하는지 알 수 있습니다. 나병 환자는 그리스도의 자비와 은혜를 어떤 공로도 없이 값도 없이 자신의 것으로 가져오는 것만을 생각했습니다. 그는 자신의 정결함으로는 그리스도에게 가까이 가서 함께 얘기하며 도움을 청할 수 있는 자격이 전혀 없기 때문입니다. 그는 자신의 불결함과 무가치함을 더 많이 느끼면 느낄수록, 더욱더 주님께로 가까이 가며 오직 그리스도의 자비만을 바라봅니다. 이것이 바른 믿음이고 하나님의 자비에 대한 살아 있는 신뢰입니다. 바르게 믿는 마음은 그렇게 합니다. 그러나 그렇게 하지 않는 마음은 바르게 믿지 않는 것인데, 하나님의 자비를 주시하지만 이것을 의지하지 않고 하나님의 자비를 받을 가치와 자격을 갖추기 위하여 먼저 자신의 선한 행위들을 찾는 자들이 이에 속합니다. 그러나 이러한 사람들은 결코 하나님께 진심으로 간청하거나 하나님께 다가갈 만한 용기가 없습니다.

믿음은 복음을 들음에서 난다

이러한 신뢰와 믿음, 그리스도의 자비에 대한 인식은 어디에서 온 것입니까? 나병환자가 그리스도에 관한 좋은 소식, 즉 그가 매우 호의적이고 은혜롭고 자비로우시며, 자신에게 오는 자는 누구나 돕고, 나눠주고, 위로하고, 권면하신다는 소문을 미리 듣지 않았다면, 나병환자 자신의 이성으로부터는 믿음이 생기지 않았을 것입니다. 그러한 소문이 분명 그의 귀에 들렸을 것이라는 사실은 의심할 바 없습니다. 이로부터 그는 용기를 얻었고, 그것을 자신에게 유익하게 적용하여 해석하였고 이러한 자비를 자신의 것으로 삼고 전적으로 신뢰하며 생각하였습니다.

　　과연 소문과 명성처럼 그는 나같은 사람에게도 자비로우시구나!

　따라서 그의 믿음은 이성에서 자라난 것이 아니라, 그리스도에 관한 소문으로부터 나온 것입니다. 이것은 성 바울이 갈라디아서 3장 참조. 롬 10:17에서 믿음은 들음으로부터 나고, 들음은 그리스도에 관한 말씀 혹은 소문에서 나온다고 말한 것과 같습니다.

　그리스도에 관한 말씀 혹은 소문이 바로 복음입니다. 복음은 모든 좋은 것과 구원의 시작과 중간, 그리고 끝이 됩니다. 우리는 자주 복음을 들었습니다. 우리는 먼저 복음을 들어야 하고, 그 다음 믿어야 하고, 그리고 난 후 사랑하고 선행을 해야 합니다. 이것은 행위교사선행의 공로로 받는 구원을 가르치는 교사가 행하는 것과 반대됩니다. 그러나 복음은 그리스도가 오직 자비와 사랑과 은혜라는 그에 관한 좋은 소문, 말, 외침이며, 결코 다른 사람이나 성자들에 관한 것이 아닙니다. 다른 성자들에 관한 좋은 소문과 외침이 있다고 할지라도, 그것이 그리스도의 자비와 은혜에 관한 것이 아니라면 복음이라고 불리지 않습니다. 또한 다른 성자들에게도 해당하는 것이라면, 그것은 더 이상 복음이 아닙니다. 복음은 믿음과 신뢰를 바위이신 예수 그리스도에게만 세우는 것이기 때문입니다.

행위가 아니라 오직 믿음으로

우리는 나병환자의 예에서 믿음이 행위와 싸우고 있음을 보게 됩니다. 왜냐하면 그리스도가 어떤 행위나 공로 없이 순수한 은혜로 믿음을 통하여 나병환자를 도우신 것처럼, 각 사람에게도 동일하게 행하시며, 어떤 것도 자신을 위해 취하거나 기대하고자 하시지 않기 때문입니다. 만일 나병환자가 "주님, 보십시오. 당신이 보고자 원하실 정도로, 저를 깨끗하게 하실 정도로 저는 많이 기도하고 금식했습니다"라는 마음으로 주님께 갔더라면, 그리스도는 그를 결코 깨끗하게 하지 않으셨을 것입니다.

그것은 하나님의 은혜를 의지한 것이 아니라, 자신의 공로를 신뢰한 것이기 때문입니다. 이렇게 해서는 하나님의 은혜가 찬양되거나 사랑받거나 존중받거나 간청되지 않고, 오히려 자신의 행위가 영예를 얻고 하나님으로부터 하나님의 것을 도둑질하게 됩니다. 이것은 곧 손에 입 맞추는 것이고 하나님을 부인하는 것입니다. 이것은 욥이 욥기 31장 27절에서 "(내 마음이 슬머시 유혹되어) 내 손에 입 맞추었다면"이라고 말하는 것과 같습니다. 그것은 커다란 죄이고 최악의 부인否認이기 때문입니다. 또한 이사야사 2:8가 말하는 것처럼 자신들의 손으로 지은 것들을 경배한 것, 다시 말해 하나님의 은혜에 돌려야 할 영예와 신뢰를 자기 자신의 행위에로 향하게 한 것과 같습니다.

믿음과 사랑의 관계

그리스도는 나병환자에 대한 사랑의 모범을 보여주셨습니다. 당신은 어떻게 사랑이 그리스도를 종이 되게 하여, 결국 그 가련한 자를 자발적으로 그리고 공짜로 도와주게 하였는지를 발견하게 됩니다. 그리스도는 이를 통하여 유익이나 호의나 영광을 추구하신 것이 아니라, 오직 가련한 자의 유익과 하나님 아버지의 영광을 추구하십니다. 주님은 이것이 순수하고 순결하며 자발적이고 자비로운 사랑의 행위가 되도록 하기 위해, 이 사건에 대하여 누구에게도 말하지 못하도록 금하십니다.

제가 종종 말씀드린 것처럼 믿음은 우리를 주인으로, 사랑은 우리를 종으로 만듭니다. 맞습니다. 우리는 믿음을 통하여 하나님이 되고 신적인 본성과 신적인 이름에 참여하게 되는데, 시편이 "너희는 신들이며 다 지존자의 아들들이라"시 82:6라고 말하는 것과 같습니다. 반면, 우리는 사랑을 통하여 가장 가난한 자들처럼 됩니다. 믿음에 따르면, 우리는 더 이상 아무것도 필요로 하지 않을 만큼 충분합니다. 사랑에 따르면, 우리는 모든 사람을 섬깁니다. 믿음을 통하여 우리는 위로부터, 하나님으로부터 선물들을 받습니다. 사랑을 통하여 우리는 그 선물들을 아래로, 이웃에로 향하게 합니다. 그리스도 역시 신성에 따르면 어떤 것도 필요로 하지 않으셨지만, 인성에 따라 자신을 필요로 하는 모든 사람을 섬기셨습니다.

이러한 사실에 관하여 종종 충분히 말하였습니다. 마치 그리스도가 아버지로부터 영원히 참된 하나님으로 태어나신 것처럼, 믿음을 통하여 우리도 하나님의 자녀로 그리고 하나님 같은 존재로, 주인과 왕으로 태어남에 틀림없습니다. 그리고 사랑을 통하여 선행으로 이웃을 도와야 합니다. 그리스도가 인간이 되셔서 우리 모두를 도우신 것처럼 말입니다. 그리스도의 신성은 행위를 통하여 얻거나 인간 되심을 통하여 획득한 것이 아닙니다. 오히려 그리스도는 어떤 행위 없이, 인간으로 태어나시기 전에 하나님이셨습니다. 마찬가지로, 우리가 하나님의 자녀가 되어 우리의 죄를 용서받고 죽음과 지옥이 우리를 해하지 못하게 된 것은, 우리의 행위나 사랑을 통해서 얻은 것이 아니라, 행위 없이 얻은 것이며 우리의 행위나 사랑 이전에 복음 안에서 믿음을 통하여 은혜로 받은 것입니다. 그리고 그리스도가 이미 영원한 하나님이시고 그 이후에 우리를 섬기기 위해 인간이 되신 것처럼, 우리도 미리 믿음을 통하여 경건하고 죄가 없으며 살고 구원받고 하나님의 자녀가 된 이후에 비로소 선한 것을 행하며 이웃을 사랑하게 됩니다. 이상이 첫 번째 예인 나병환자에 대한 것입니다.

백부장의 믿음과 사랑의 모범

다른 예는 믿음과 사랑과 관련된 점에서 첫 번째 예와 같습니다. 이 백부장 역시 그리스도에 대한 진정한 신뢰를 가지고 있고, 그리스도의 자비와 은혜 외에 다른 어떤 것도 주목하지 않습니다. 만일 그렇지 않았다면, 그는 그리스도에게 가지 않았거나, 누가가 말하는 것처럼눅 7:3 그리스도에게 사람들을 보내지 않았을 것입니다. 만일 그리스도의 자비와 은혜에 관하여 미리 듣지 않았다면, 그는 그리스도를 신뢰하는 모험을 하지 않았을 것입니다. 따라서 복음이 그의 신뢰와 믿음의 시작이며 믿고 신뢰하도록 하는 자극입니다. 여기서 우리는 복음에서 시작해야 하고 복음을 믿어야 하고 자신의 공로나 행위를 바라보아서는 안 된다는 사실을 배우게 됩니다. 백부장이 공로나 행위를 내세우지 않고 오직 그리스도의 자비를 신뢰한 것처럼 말입니다. 따라서 우리는 그리스도의 모든 행위가 어떻게 복음과 믿음과 사랑의 예로 제시되고 있는지를 보게 됩니다. 또한 여기서 그리스도가 (앞에서 말한 것처럼) 청원이나 대가가 없어도 백부장에게 자선을 베푸는 사랑의 모범을 보이셨음을 보게 됩니다.

게다가 백부장은 그리스도가 우리를 떠안으신 것처럼, 자신의 종을 자기 자신처럼 떠안으며 사랑의 모범을 보여줍니다. 그리고 오직 종에게 도움이 되는 선한 행위를 값없이 행합니다. 백부장이 그것을 행한 이유는 종이 사랑스럽고 귀하기 때문이라고 누가는 말합니다.눅 7:2 이 말의 의미는 종을 향한 즐거움과 사랑이 그로 하여금 종의 곤경을 보고 그렇게 행하게 했다는 것입니다. 우리도 그렇게 행해야 하는데, 복음을 가진 우리는 이제 곤경 가운데 있는 이웃을 주목할 필요가 없다고 우리 자신을 스스로 속이거나 그렇게 생각해서는 안 됩니다. 이제 성경 본문의 몇 가지 사항들을 보고자 합니다.

바른 믿음의 내용

나병환자가 "주님, 당신이 원하시면 저를 깨끗하게 하실 수 있습니다"라고 조건적으로 기도한 것을 두고 그가 그리스도의 자비와 은혜를 의심한 것처럼 이해해서는 안 됩니다. 왜냐하면 그가 그리스도는 전능하시고 모든 것을 하실 수 있고 모든 것을 알고 계시다고 믿는다고 할지라도, 그리스도의 자비와 은혜를 의심한다면 그러한 믿음은 아무것도 아니기 때문입니다. 살아있는 믿음은 하나님이 실제로 자비로우시고 우리가 구하는 것을 행하고자 하는 은혜로운 의지를 갖고 계시다는 사실을 의심하지 않는 것입니다. 믿음이란 하나님이 우리에 대해 선한 뜻을 갖고 계시고 우리의 모든 선을 원하시며 베푸시지만, 믿음으로 간구하고 주어지는 것이 우리에게 좋고 유익한지는 우리는 모르며 하나님만이 아신다는 사실을 의심하지 않는 것입니다. 그리고 우리가 구하는 것이 하나님의 영광과 우리의 유익을 위한 것이라고 할지라도 그것의 응답 여부에 대한 모든 것을 은혜로운 하나님의 뜻에 맡기는 것입니다. 또한 믿음이란 하나님이 우리가 간구한 것을 주실 것이라는 사실을 의심하지 않으며, 혹시 그것이 주어질 수 없을 때는 하나님의 뜻은 (하나님은 주시지 않는 것이 더 낫다는 것을 아시기 때문에) 그것을 더 큰 은혜 때문에 주시지 않는 것이라는 사실을 의심하지 않는 것입니다. 하나님의 은혜로운 뜻에 대한 믿음은 하나님이 우리가 구하는 것을 주시거나 주지 아니하시는 것에 관계없이 분명하고 확실합니다. 바울이 로마서에서 "우리가 무엇을 어떻게 간구해야 하는지를 우리는 알지 못한다"롬 8:26라고 말하는 것과 같습니다. 그리고 주님이 가르쳐주신 기도^{주기도문}에서 그리스도는 하나님의 뜻을 좋아하며 그것을 간구하라고 우리에게 말씀하십니다.

자주 말씀드린 것처럼, 우리는 하나님의 자비를 재거나 의심하지 말고 믿어야 합니다. 그러나 시간, 장소, 방법 또는 명성을 하나님께 강요하는 것이 아니라 모든 것을 하나님의 뜻에 맡기기 위하여, 우리의 간구는 하나님의 영광, 하나님 나라, 하나님 뜻에 따라 드려지고 판단되어야 합니다. 그러므로 나병환자의 기도는 주님 마음에 들었고 곧 응답이 됩니다. 우리가 모든 것을 주님의 뜻에 맡기고 주님의 마음에 드는 것을 갈망하기만 하면, 주님은 그것을 그냥 놔두실 리가 없고 우리 마음에 드는 일을 다시금 행하십니다. 믿음은 주님이 호의를 가지시도록 하며, 그러한 인내하는 기도는 우리가 간구하는 것을 주님이 들으시도록 합니다. 나병환자를 제사장에게 보낸 이유와 의미에 관해서는 10명의 나병환자에 관한 포스틸레^{Postille, 설교집}에서 충분히 말씀드렸습니다.[10]

백부장 믿음의 크기

그리스도는 이스라엘 중 누구에게서도 이만한 믿음을 보지 못하였다고 말씀하십니다. 우리는 그리스도가 거짓말하시는 것인지, 아니면 하나님의 어머니^{마리아}와 사도들의 믿음이 실제로 이 백부장보다 못한 것인지 관심 있게 많이 다루었습니다. 그리스도는 여기서 설교하신, 방금 방문한 이스라엘 백성들에 관하여 말씀하시는 것이기에 그의 어머니와 제자들은 여기서 배제되어 있다고 말할 수도 있을 것입니다. 마리아와 제자들은 그리스도와 함께 이동하며 (방금 설교한) 이스라엘 백성에게 왔기 때문입니다. 그럴지라도 저는 단순하게 주님의 말씀을 받아들이고자 하며 말씀 그대로 이해하고자 합니다.

우선, 백부장의 믿음이 사도나 마리아와 동일한 믿음을 갖지 못하도록 하는 믿음의 조항은 없다는 것이 첫 번째 이유입니다. 믿음의 조항이 그리스도의 말씀에 명백히 위배되지 않는다면, 우리는 그 말씀이 말하는 대로 인정해야 하지, 말씀을 우리의 해석과 설명으로 조정하거나 왜곡해서는 안 됩니다. 성자나 천사, 심지어 하나님 자신을 위해서라도 왜곡해서는 안 됩니다. 그의 말씀은 모든 성자와 천사 위에 있는 진리 자체이기 때문입니다.

성자의 행위와 은사보다 하나님 은혜와 뜻이 중요하다

둘째 이유는, 그러한 해석과 왜곡은 성자들을 하나님의 은혜에 따라 평가하는 것이 아니라, 그들의 인격, 자격, 위대함에 따라 평가하는 육적인 감각과 생각으로부터 나오는 것이기 때문입니다. 그러나 하나님은 그들을 완전히 다른 방식으로, 즉 하나님의 은사에 따라 평가하십니다. 주님은 세례 요한으로 하여금 보잘것없는 성자들이 행한 기적을 행하지 않도록 하셨습니다. 간단히 말해 주님은 위대한 성자들을 통해서는 행하시지 않는 일들을 보잘것없는 성자를 통하여 종종 행하셨습니다. 주님은 12살이 되었을 때 어머니 모르게 숨으셨고,^{눅 2:41 이하} 자신의 행방을 알리지 않아 어머니를 헤매게 하였습니다. 주님은 부활한 날에 어머니와 사도에게 나타나기 전에 먼저 막달라 마리아에게 자신을 보이셨습니다.^{요 20:14} 그는 어머니에게는 베풀지 않은 친절한 태도로 사마리아 여인 및 간통한 여인과 대화하셨습니다.^{요 4:7; 8:10} 베드로는 주님을 부인하고 시험에 들었지만, 십자가상의 행악자는 확고부동하게 굳게 믿었습니다.^{눅 22:54 이하; 23:39 이하} 주님은 이러한 기이한 행적들로 우리가 성자들에게서 하나님의 영을 측량해서는 안 되며 그들을 인격에 따라 판단해서도 안 된다는 사실을 보여주십니다. 주님은 바울이 고린도전서 12장 11절에서 말하듯이 우리의 뜻대로가 아니라, 주님의 뜻대로 자유롭게 은사를 주고자 하십니다. 그리스도는 다음과 같이 말씀하십니다.

나를 믿는 자는 내가 하는 일보다 더 큰 일을 하리라.^{요 14:12}

이러한 모든 일은 누구도 다른 사람들을 판단하거나, 한 성자를 다른 성자보다 높이거나 분파를 세우지 않고, 오히려 그들 모두 비록 은사에서는 다를지라도 하나님의 은혜 안에서는 동일하도록 하기 위한 것입니다. 그는 베드로를 통하여 하지 않으신 것을 스데반을 통하여 하고자 하시며, 어머니를 통하여 하지 않으신 것을 베드로를 통하여 하고자 하십니다. 이것은 주님이 어떤 사람도 차별하지 않고 모든 것을 자기 뜻대로 행하시기 위한 것입니다.

  또한 주님이 설교하신 시점에 그러한 믿음을 자신의 어머니나 사도들에게서 발견하지 못했다는 의미로 이해할 수도 있습니다. 물론 주님이 그 이전이나 후에 어머니와 사도들과 다른 많은 사람에게서 더 큰 믿음을 발견했을 수도 있고 그렇지 않을 수도 있을지라도 말입니다. 왜냐하면 주님은 어머니가 자신을 임신하고 낳았을 때 어머니에게 큰 믿음을 주셨고, 이것보다 더 큰 믿음은 더 이상 존재하지 않거나 드물었기 때문입니다. 또한 주님은 그녀가 아들을 사흘 동안 잃어버렸을 때처럼눅 2:41 이하 큰 믿음을 때때로 작게 하실수도 있었습니다. 그는 모든 성자에게도 그러한 방식으로 행하십니다. 그가 그렇게 행하지 않는다면, 성자들은 오만에 빠질 것이고 자신을 우상으로 만들거나 우리가 그들을 우상으로 만들 것이고, 하나님의 은혜보다 그들의 가치와 인격을 더 바라보게 될 것입니다.

  이러한 사실로부터 우리가 얼마나 바보 같으며 하나님의 기적과 행위는 얼마나 이해하기 힘든 것인지 주목하기 바랍니다. 특히 우리가 평범한 그리스도인은 경멸하며 오직 추기경과 학자들만이 하나님의 진리를 알고 있으며 또한 그들이 그리스도가 이방인을 그의 믿음과 더불어 모든 제자보다 높이시는 것에 관하여 바른 결론을 내릴 수 있다고 생각한다면 그럴 것입니다. 우리는 인격과 신분에 의존하지만, 하나님의 말씀과 은혜에는 매달리지 않습니다. 그 결과 우리는 인격과 신분과 더불어 모든 오류에 빠져 기독교 교회와 공의회가 말한 것은 오류가 없으며 성령을 가지고 있다고 말합니다. 하지만 그리스도는 업신여김을 받는 자들 가운데 계시며, 인격을 내세우는 자들과 공의회들로 마귀를 향하여 가게 하십니다. 그러므로 그리스도가 이방인 백부장을 높이고 계신다는 사실을 주목하기 바랍니다. 이방인은 안나스, 가야바, 모든 사제와 학자와 성자보다 더 가치가 있으며, 심지어 이들 모두는 이 이방인의 제자가 되어야 합니다. 하물며 어떻게 이들이 그에 관하여 무엇인가를 결의하고 확정할 수 있겠습니까? 하나님은 위대한 성자에게는 작은 믿음을 주시고, 보잘것없는 성자에게는 위대한 믿음을 주셔서, 바울이 로마서 12장 13절에서 말하는 것처럼 항상 다른 사람을 자신보다 높게 여기도록 하십니다.

이방인의 위대한 믿음

주님, 저는 자격이 없습니다. 마 8:8

이 이방인의 믿음이 위대한 까닭은, 구원이 그리스도의 육체적인 현존에 놓여 있는 것이 아님을 알았다는 점에 있습니다. 구원은 그리스도의 육적인 현존의 도움으로 되는 것이 아니라, 말씀과 믿음에 달려 있기 때문입니다. 그러나 사도들은 그것을 아직 몰랐고, 어머니 마리아도 아마 몰랐을 것입니다. 그래서 이들은 그리스도의 육체적인 현존에 집착했고, 주님이 육체적으로 그들 자신으로부터 떠나감을 기꺼이 허락하지 않았던 것입니다.요 16:6 그들은 그리스도의 말씀에 전적으로 매달리지 않았습니다. 그러나 이 이방인은 말씀만으로도 전적으로 충분하다는 것을 알기에 그리스도의 육체적인 현존을 바라지 않았고, 또한 자신이 그럴만한 자격도 없다고 여겼습니다. 이를 위해 그는 한 비유를 가지고 자신의 강력한 믿음을 증명합니다.

저는 내 수하에 있는 자들에게서 말로써 원하는 것을 이룰 수 있습니다. 당신도 한마디 말씀으로 당신이 원하시는 것을 이룰 수 있지 않습니까? 왜냐하면 제가 분명히 알고 당신 또한 증명한 바에 따르면, 건강과 병, 죽음과 생명이, 제 종이 제 수하에 있듯이, 당신의 수하에 있기 때문입니다.

그의 종은 그 순간에 이러한 믿음의 능력으로 건강하게 됩니다.

4. 그리스도인의 십자가와 고난

성경본문: 마가복음 16장 15절

"또 이르시되 너희는 온 천하에 다니며 만민에게 복음을 전파하라."

설교

설교의 목적 – 오직 복음을 전하는 것

사랑하는 성도 여러분! 제가 여러분에게 설교하는 것이 필요하지 않을 수도 있습니다. 또 누군가는 제가 스스로를 중요한 인물로 내세운다고 말합니다. 하지만 경건하고 그리스도의 사랑받는 몇 분이 설교를 간청(저는 이 간청을 차마 거절할 수 없었습니다)하여 그들의 판단에 개의치 않기로 했습니다.

우리의 주님이신 그리스도가 제자들을 설교하도록 세상에 보내셨을 때, 복음을 설교하는 것 외에는 명령하지 않으셨습니다. "너희는 온 천하에 다니며 만민에게 복음을 전파설교하라"라고 마가복음 16장 15절에서 말씀하셨고, 십자가형을 당하시기 전에도 마태복음 10장 7절에 쓰여있는 것처럼 "가면서 전파설교하여 말하되 천국이 가까이 왔다고 하라"고 말씀하셨습니다. 주님은 말씀에 관한 설교가나 사도로 삼으신 사람에게 전해야 할 말씀을 주십니다. 또한 오늘날까지 은혜 가운데 행하셔서 설교가가 자기 자신의 것을 가르치지 않고 사도들이 하나님의 말씀을 가르친 것처럼 가르치도록 하십니다.

우리가 알아야 할 복음이란

그러므로 그리스도인은 이제 복음이 무엇인지 알아야 하며, 또한 들어야 할 것과 듣지 말아야 할 것이 무엇인지를 아는 것이 필요합니다. 이것은 분별없이 많이 듣는 일이 없도록, 그리고 거짓을 진리로, 불필요한 것을 필수적인 것으로 여기지 않도록 하기 위해서입니다. 복음을 설교하고 그리스도의 말씀을 외친다고 자랑하는 이들이 많지만, 사실 이들은 말씀을 외친대로 행하지는 않습니다.

그 결과 많은 이들이 속고, 믿어서는 안 되는 것을 믿게 됩니다. 그리스도의 가르침이나 명령과 다르게 가르치는 자들은 그리스도에 속해 있지 않으며 복음의 바른 설교가들이 아닙니다. 또한 믿음과 복음에 관한 바른 가르침 외의 것을 듣고 받아들이는 자들도 바른 그리스도인들이 아닙니다. 그리스도는 "내 양들은 내 음성을 듣는다"요 10:27라고 말씀하시기 때문입니다.

만일 그들이 낯선 사람을 따른다면, 다시 말해 그들이 믿음의 가르침이 아닌 다른 가르침을 듣고 수용한다면, 그들은 그리스도의 참된 양들이 아닙니다. 복음은 그리스도가 우리를 위해 이루신 죄의 용서를 통하여 약속된 구원과 축복과 영생에 관한 이야기이며 선포입니다.

오직 그리스도에 관한 복음

바울이 자신에 관하여 로마의 교인들에게 말하며 자신의 가르침이 참된 것이라는 사실을 나타내는 호칭사도을 자랑스럽게 여긴 것처럼, 우리에게는 이제 이러한 복음을 듣고 설교할 각오와 의지가 있습니다. 그는 로마 교인들에게 다음과 같이 말합니다.

> 예수 그리스도의 종 바울은 사도로 부르심을 받아 하나님의 복음을 (설교하기) 위하여 택정함을 입었으니, 이 복음은 하나님이 선지자들을 통하여 그의 아들에 관하여 성경에 미리 약속하신 것이라. 그의 아들에 관하여 말하면 육신으로는 다윗의 혈통에서 나셨고.롬 1:1-3

저는 여러분 자신이 듣는 것이 무엇인지, 무엇으로부터 도망쳐야 하는지를 아는 것이 필요하다고 이미 말씀드렸습니다. 바울이 말한 것처럼, 자신의 것이나 자신의 명예, 영광, 유익을 구하지 않고 그리스도만을 설교하며 가르치고 복음에서 벗어나지 않는 자는 그리스도로부터 보냄을 받은 자가 확실합니다. 우리는 이 사람에게 귀를 기울여야 하고 그의 가르침을 따라야 합니다.

그러나 이와 다르게 가르치고, 가난한 자와 곤궁한 자를 도와주고 권면해야 한다고 가르치기보다는 오늘날 보편적인 것처럼 그럴싸한 바리새적인 위선을 보이며 우리의 관심을 살찌고 게으른 사제들과 수도사들에게 두도록 하는 자들이 있습니다. 이들은 그렇게 하여 많은 교회와 수도원이 세워지도록 하고, 미사와 매년 이루어지는 기념 제사가 드려지게 하며, 면벌부면죄부가 속임수를 통해 판매되고 신도회와 금식과 성인들에 대한 기도가 이루어지도록 합니다. 우리는 이러한 설교가들의 가르침에 귀를 기울여서는 안 됩니다. 그들은 그리스도를 설교하지 않고 자기 생각을 설교하기 때문입니다. 그리스도가 그들을 보내신 것이 아니라, 그들 스스로 자신을 보낸 것입니다. 그래서 하나님은 예레미야 선지자에게 다음과 같이 말씀하셨습니다.

> 이 선지자들은 내가 보내지 아니하였어도 달음질하며 내가 그들에게 이르지 아니하였어도 예언하였은즉.렘 23:21

우리가 성직 서품을 받을 때 오직 그리스도 외에는 다른 어떤 것도 설교하지 않겠다고 약속하였습니다. 하나님은 이에 대한 책임을 물으십니다.

그리스도인이 되는 근거

누군가에게 왜 그리스도인이냐고 묻는다면, 그는 "그리스도를 믿으며 그를 통하여 칭의와 구원을 기대하기 때문"이라고 대답할 것입니다. 그리스도가 우리의 행위와 공로 없이 홀로 우리를 구원하실 수 있고 또 그렇게 하기를 원하신다면, 왜 우리는 우리의 행위는 의지하면서 우리의 그리스도는 신뢰하지 않는 것일까요? 온 세상 사람들이 할 수 있는 모든 행위를 주목해 보시기 바랍니다. 당신이 그리스도인이라는 이름으로 불릴 수 있도록 하는 어떤 근거도 발견하지 못할 것입니다.

금식은 그리스도가 마태복음 4장 2절에서 40일간 행하신 선행입니다. 바울은 그의 서신 여러 구절에서 하나님의 종은 금식을 연습하라고 권고한 바 있습니다. 그러나 당신이 죽음에 이르기까지 금식할지라도 그리스도에 대한 믿음을 갖고 있지 않다면, 당신은 더 이상 그리스도인이 아니며, 많이 먹지도, 마시지도 않는 마귀와 다를 바가 없습니다. 당신은 더 이상 그리스도인이 아니며 때때로 금식하는 유대인과 다를 바가 없습니다.

기도 역시 그리스도가 마태복음 6장 5절 이하에서 가르쳐주신 선행입니다. 그러나 당신이 밤낮 기도한다는 이유로 그리스도인이 되는 것은 아닙니다. 오랜 시간 소리 내어 부르짖는다고 해도, 그것이 그리스도인을 만들지는 못합니다. 많은 이단과 불신자들, 그리고 아랍인 역시 오랜 시간 소리 내어 기도하지만 그리스도인은 아닙니다. 또한 수도사의 복장과 삭발한 머리도 그리스도인을 만들지 않습니다. 그러므로 그리스도인이라는 이름은 사람 안에 있는 모든 것을 넘어서 있습니다. 누구도 그리스도를 통하지 않고는 그리스도인이라는 이름을 가질 수 없습니다.

참된 기독교적인 가르침과 행위

이러한 사실로부터 우리는 기독교의 가르침과 그리스도인의 행위는 인간적인 것이 아니며 인간의 능력에서 나올 수 없다는 사실을 알 수 있습니다. 인간 자신에게서 나오는 모든 것은 인간적이고 변덕스러워 선행이 아닐뿐더러 하나님의 행위일 수 없기 때문입니다. 그러므로 우리의 금식, 우리의 기도, 우리의 수도사복뿐만 아니라 이러저러한 규정이나 거짓되게 꾸며진 삶의 방식은 그리스도인의 삶에 어떤 도움도 되지 못합니다. 그리스도를 갖고 있지 않은 사람은 선행을 할 수 없으며, 그의 모든 행위는 무익한 것이 될 뿐입니다.

그렇게 복음이나 그리스도의 가르침은 인간의 모든 능력을 넘어서는데, 이는 바울이 고린도전서 2장에서 가르치며 말한 것과 같습니다.

> 우리는 눈으로 보지 못하고 귀로 듣지 못하고 사람의 마음으로 생각하지도 못한 것을 여러분에게 설교합니다 고전 2:9

이것복음이 인간의 모든 이성, 힘, 능력을 능가하는 강력한 것일지라도, 하나님은 성령을 통하여 이러한 가르침을 인간에게 계시하여 알게 하셨는데, 베드로가 서신에서 말하는 것과 같습니다.

> 너희가 믿음으로 인해 기뻐하니 믿음은 결국 곧 영혼의 구원을

받음이라. 이 구원에 대하여는 너희에게 임할 은혜를 예언하던 선지자들이 연구하고 부지런히 살핀 것이다.벧전 1:8-10

왜냐하면 그것은 자기를 위한 것이 아니요 너희를 위한 것임이 계시로 알게 되었으니 이것은 하늘로부터 보내신 성령을 힘입어 복음을 전하는 자들로 이제 너희에게 알린 것이요 천사들도 살펴보기를 원하는 것이니라.벧전 1:12

오직 그리스도를 계시하는 복음

복음은 그렇게 강력하고 은혜 충만한 것을 선포하고 가르칩니다. 따라서 그리스도인들은 위대한 복음을 유일한 것으로 여기고 그것을 듣고 붙들어야 합니다. 복음은 오직 그리스도만을 계시하고 가르치기 때문입니다. 누군가 "그리스도는 누구신가?"라고 질문할 수 있습니다. 이에 대해 그리스도는 자신을 위해서가 아니라 (이사야 선지자가 증언하는 것처럼) 우리를 위한 그리스도이며 우리를 위해서 하나님인 동시에 인간이신 분이라고 대답해야 합니다.

한 아기가 우리에게 태어났고, 한 아들이 우리에게 주어졌다.사 9:6

우리가 여기서 의심하지 말고 믿어야 하는 사실은, 그리스도는 우리를 위해 태어나시고 우리에게 주어졌다는 점입니다. 결국 우리는 우리의 유일한 주인이자 영주이신 그리스도로 인해 그리스도인이라 불리는 것입니다. 그로부터 우리는 모든 것을 받으며 소유하게 됩니다. 이것은 마치 누군가 자신의 부요함과 보물 때문에 부하다고 여겨지거나, 남편의 재산을 소유하고 있는 한 아내가 남편의 이름을 지니거나, 영주가 자신의 영주령 때문에 영주라는 이름을 갖는 것과 같습니다. 또한 한 시민이 (그가 카르투지오 수도사이든, 설교가 교단 수도사이든, 어거스틴 수도회나 맨발의 수도사이든[11]) 금식, 순례, 기도, 그리고 그가 특별히 세운 수도원 때문이 아니라 자신의 시민권 때문에 시민이라 불리는 것과 같은 이치입니다.

복음에 대한 오해

만일 모든 것에 있어 지혜와 경험의 타이틀만을 자랑하고 내세우는 훌륭한 사람들이 이러한 사실을 듣는다면, 그들은 다음과 같이 말할 것입니다.

오, 이전에는 그리스도나 복음에 관해 말한 사람들이 없었습니까? 우리가 복음, 그리스도, 혹은 믿음이 무엇인지 모른다고 생각합니까?

그들은 분명 또 이렇게 말할 것입니다.

당신의 말을 듣기 전에 이미 우리는 이 모든 것을 깨달았습니다. 믿음만으로는 구원받을 만하지 못한데, 믿음이 뭐가 위대하다는 것입니까? 왜 그렇습니까? 무식한 농부들과 마구간에 있는 하녀들조차 믿음에 관하여 말할 수 있을 정도이니 믿음으로는 충분하지 못하지요. 우리는 여기에 더하여 금식하고, 기도하고, 교회를 건축하고, 수도원을 세우고, 수도사와 수녀처럼 행하고 살아야 합니다.

보십시오, 그러한 '맹인의 보호자와 안내자'마 15:14들이 오늘날 우리 앞에 있는 영리한 자들이고 복음의 설교가들입니다. 그러므로 그들은 자신들만이 오직 그리스도 혹은 복음에 관하여 알고 있고 깨닫고 있으며, 그리스도를 믿는 것 외에 다른 행위들도 함께 행하고 있다고 자랑합니다. 그러나 그리스도는 이것을 참을 수 없으시고 원하지도 않으십니다. 그들은 그리스도, 복음, 믿음 혹은 선행이 무엇인지 전혀 알지 못하기에 놀라서 뒤로 물러나 모욕을 당해야 합니다.

지혜, 의, 거룩, 구원이신 그리스도

기독교의 설교가는 그리스도와 그의 의와 호의 외에는 어떤 것도 알거나 가르치지 말아야 하고 오직 그리스도의 완전이라는 참된 보물들에서 영광을 추구해야 한다고 가르쳐야 합니다. 그리스도 안에 있는 모든 것은 우리에게 속한 것이기 때문입니다. 이것에 대한 믿음을 가진 사람은 사탄, 지옥, 모든 번민을 쉽게 극복할 수 있을 뿐만 아니라 이미 극복했고, 결국 그리스도에 관한 진리를 발견하게 됩니다.

> 그리스도야말로 하나님이 우리를 위해 지혜와 의와 거룩함과 구원이 되도록 하신 분이고, 쓰여 있는 것처럼 자랑하는 자는 주님을 자랑하도록 하기 위함입니다. 고전 1:30-31

이렇게 바울은 고린도 교인들에게 편지를 썼습니다. 바울의 말로부터 우리는 그리스도가 우리의 의라고 설교하는 자는 반드시 모든 인간의 의를 강력하게 몰아내야 한다는 사실을 깨닫게 됩니다. 우리는 행위로는 거룩하거나 의롭게 될 수 없기 때문입니다. 그렇지 않다면 바울은 거짓말쟁이로 비난받고 고소당할 것이며, 그리스도와 그의 모든 의, 지혜, 거룩함 혹은 구속은 부인될 것입니다. 그러므로 여러분에게 행위의 의와 인간의 의만을 가르치는 몽상적인 설교가들을 계속 피하십시오! 그들이 사람은 행위를 통해 하나님 앞에서 의롭거나 경건하게 될 수 있다고 설교하는 것은 "보십시오, 당신의 그리스도는 당신이 구원받거나 의롭게 되는데 충분하지 못합니다"라고 설교하는 것과 다를 바 없기 때문입니다. 그런 것을 단지 생각하는 것조차도 분명 비참한 일인데, 하물며 그것을 말하고 특별히 기독교인들 앞에서 설교하는 것은 어떠하겠습니까! 당신은 금식, 기도, 수도사복, 이러 저러한 수도회, 또는 수도사 머리를 조금 또는 많이 삭

발했기 때문에 그리스도인이라 불리고 하나님 앞에서 귀하게 여김을 받는 것이 아닙니다. 오히려 당신이 그리스도인이라 불리고 하나님 앞에 존귀하게 여겨지는 것은 그리스도가 당신에게 지혜, 의, 경건, 구원, 모든 좋은 것이 되신다는 사실을 믿기 때문입니다. 만일 당신이 이것을 믿는다면 당신은 하나님 앞에 설 수 있으나, 믿지 않는다면 당신은 당신 행위로, 당신의 거짓된 것으로 하나님 앞에 결코 서지 못합니다. 그러므로 결론은 다음과 같습니다. 그리스도가 자신에게 의와 모든 선한 것이라고 믿는 자는 보존되고 구원받게 될 것입니다. 그러나 자신의 행위를 의의 근거로 삼는 자는 그 안에서 몰락하게 될 것입니다.

두 종류의 선행

이에 당신은 다음과 같이 말할 것입니다.

> 그럼 우리는 무엇을 해야 합니까? 우리는 선행을 하지 말아야 합니까? 앞으로 기도나 금식, 수도원을 세우는 일과 수도사나 수녀가 되는 행위들을 하지 말아야 합니까?

저는 다음과 같이 대답하고자 합니다.

> 두 종류의 선행이 있습니다. 하나는 외적으로는 선한 것처럼 보

이지만 그 자체는 그렇게 선하지 않은 선행입니다. 이것은 모두 허구의 행위들뿐입니다. 즉, 금식, 특별한 기도, 의복이나 수도회의 선택 등의 행위들은 누구의 구원에도 기여하지 못합니다. 이러한 것들 가운데 어느 것도 하나님이 명하신 것은 없기 때문입니다.

그리스도가 당신을 위해 행하셔야 합니다. 죽음과 사탄과 지옥에서 당신을 구속하신 그리스도가 당신을 위해 계십니다. 히브리서 1장 3절에 쓰여 있는 것처럼 당신이 아니라 "그리스도가 자신을 통하여 죄들로부터 깨끗하게 하신" 것입니다. 만일 당신이 "나의 죄를 지우거나 의롭게 되고 구원받기 위해 이런저런 다른 행위를 할 것이다"라고 생각한다면, 당신 생각은 아무 가치가 없다는 것을 깨달아야 합니다. 만일 당신이 행위로 그것을 성취할 수 있다면, 그리스도는 가장 미련하고 어리석은 존재가 될 것입니다. 당신이 스스로 당신 죄를 해결할 수 있거나 당신의 행위로 경건하고 의롭게 될 수 있다면, 그리스도가 이 땅에 오셔서 그렇게 고난을 겪으신 것은 얼마나 어리석은 일입니까! 그러므로 자기 자신의 행위나 수단, 조언이나 계획에 의존하는 사람은 잘못된 길을 가고 있는 것입니다. 그들이 자신의 의를 자기 자신의 날조된 행위들로 세우고자 한다면, 그들은 더 이상 하나님의 의義 아래에 있지 않은 것입니다. 따라서 이와 같은 것들과 더불어 모든 면죄부는 무효화 되어야 합니다. 그렇지 않으면, 우리의 모든 믿음은 뒤죽박죽이 됩니다. 왜냐하면 기독교의 믿음은 그리스도만을 쳐다보는 것이기 때문입니다. 우리가 작정한 우리 자신의 행위가 강력하고 능력이 있어 우리를 의롭고 경건하게 만든다면, 그리스도는 그의 의와 더불어 헛되고 아무것도 아닌 존재가 됩니다. 우리는 그리스도를 붙잡을 때만이 그리스도인입니다. 우리는 굳센 믿음으로 오직 그리스도에게만 매달리고, 자기 자신이 꾸며낸 일이나 자신의 허구들의 도움에 매달려서는 안 됩니다.

우리가 그리스도를 믿음으로 붙잡을 때 비로소 선행이 뒤따라오며, 그 후로 올바른 호의와 기독교 행위들로 우리는 채워지게 됩니다. 이것은 하나님이 명령하신 것이고, 우리 자신의 유익이 아니라 이웃을 섬기기 위해 행하는 것입니다. 그리스도가 마태복음 25장 35절 이하에서 열거하신 행위, 우리가 벗은 사람을 입혀주고, 굶주린 자에게 먹을 것을 주고, 목마른 자에게 물을 주는 등 올바른 행위들이 우리 자신의 의를 신뢰하지 않고 오직 하나님과 이웃을 섬기기 위한 것이라면 참된 선행이 됩니다.

하나님 앞에서 의롭게 되는 방법

하나님 앞에서 어떻게 의롭고 경건하게 됩니까? 바울은 우리가 하나님 앞에서 오직 그리스도를 통하여, 즉 "하나님으로부터 나서 우리에게 지혜와 의로움과 거룩함과 구원함이 되신"고전 1:30 그리스도를 통해서만 경건하고 의롭게 될 수 있다고 말합니다. 그리스도에 대한 믿음은 모든 기독교 설교가들이 사람들에게 부지런히 설교해야만 하는 즐거운 소식의 핵심인 믿음이 무슨 내용인지 보여줍니다. 이것은 바울이 "십자가에 관한 말이나 말씀"고전 1:18이라고 부른 복음 설교에서 알 수 있습니다. 그리스도의 의가 아닌 자신의 행위에 의지하는 모든 이들은 십자가에 관한 말씀에 저항하여 싸우며 다음과 같이 말하곤 합니다.

> 에이, 그럼 모든 학식 있고 명성 있는 학교들이 무가치한 것이었나요? 그러한 삶과 핵심을 실천한 수도사와 사제들 모두가 바보들이었나요? 그러한 존경받을만한 수도원과 종교재단을 세운 모든 사람이 타락하거나 저주받은 것인가요? 그것은 있을 수 없는 일입니다. 어떻게 그들 모두가 그러한 행위들이 구원에 요구된다고 잘못 생각할 만큼 어리석을 수 있나요? 그런 일은 있을 수 없습니다.

그리스도는 그러한 맹인의 인도자들과 싸우시고, 우리가 우리 자신을 통해서가 아니라 그리스도를 통하여 하나님 앞에서 의롭게 되기를 원하십니다. 행위로 인한 의를 가르치는 영리하고 독선적인 교사들은 이것을 전혀 견딜 수 없습니다.

당신이 수도사에게 왜 수도사가 되었냐고 묻는다면, 그는 자신이 선택한 수도회와 의복으로 구원받기 위해서라고 대답할 것입니다.

행위에 의존하는 모든 사람은 이와 똑같이 대답할 것이 틀림없습니다. 그러한 대답은 그들이 불경건한 자들이라는 사실을 드러냅니다. 그들은 하나님과 그리스도의 의로부터 기대해야 하는 것을 자신의 행위에서 찾고, 또한 구원이나 경건에 전혀 기여하지 못하는 것에서 구원과 의를 추구합니다.

십자가를 져야 하는 그리스도인

이러한 사실로부터 우리는 그리스도인이고자 하는 모든 사람은 십자가를 져야 한다는 사실을 알 수 있습니다. 사실, 모든 수도사와 사제, 그리고 스스로 선택한 행위로 구원받고자 하는 모든 사람은 이 십자가를 전혀 이해할 수 없거나 단지 조금밖에 알 수 없습니다. 그들은 복음, 즉 바울이 "십자가에 관한 언급 혹은 말"이라고 부르는 것이 무엇인지 모르고 있습니다. 또한 그들 스스로 언급하는 것처럼 그들은 단지 자신들의 예배와 외적인 의식에 매달리기 때문에 복음의 바른 진리 혹은 그리스도의 십자가를 깨달을 수 없습니다. 그러나 그러한 세상의 지혜로운 자들로 인해 복음과 그리스도의 십자가를 두려워하지 말기 바랍니다.

그리스도의 십자가란

저는 이것에 관하여 더 정확히 말하기 원합니다. 여러분은 그리스도의 십자가를, 그리스도가 매달리셨던 나무로 이해해서는 안 됩니다. 그리스도의 십자가는 그리스도가 죄가 없음에도 불구하고 겪으신 수치와 큰 불명예를 의미합니다. 만일 제가 아파서 침대에 누워있거나, 누군가가 지은 범죄로 인해 불이나 물이나 칼로 죽임을 당한다면, 그것은 그리스도의 십자가가 아닙니다. 그리스도의 십자가란 의를 위하여 당하는 수치와 박해입니다. 그러므로 참된 그리스도인에게는 이단과 범죄자라는 죄가 씌워져야 합니다. 참 그리스도인은 모든 사람에게 저주받고 무시당하고 혐의를 받고, 심지어 모든 사람에게 걸레처럼 하찮게 사용될 수 있을 정도가 되어야 합니다. 이것은 선지자가 시편 25편 16절에서 "나는 고독한 자이고 전적으로 가련하다"라고 말하는 것과 같습니다. 그 의미는 다음과 같습니다.

> 세상 전체가 나를 떠났고 나는 여기 아주 홀로 서 있다. 나는 누군가의 관심을 받고 있는 것이 아니라 오히려 모든 사람에 의해 무시당하고 부끄러움을 당한 채 서 있다.

그리스도의 십자가는 우리의 온전한 무죄를 뜻합니다. 이러한 무죄를 위하여 모든 근심이 우리에게 가까이 다가옵니다. 하지만 이러한 모든 것이 온다고 할지라도 그것은 항상 영원하지 않은 어머니의 회초리같이 단지 한시적으로 지속할 뿐입니다. 그러나 이에 따른 두려움이 우리의 죽는 마지막 순간, 즉 세상, 친구, 그리고 하나님으로부터 유래하는 모든 내적인 위로가 떠나가고 믿음을 통해서도 하나님과 하나되지 못하는 순간에 온다면, 실제로 두려움과 곤경이 있게 될 것입니다. 사람 앞에서 비방을 참는 것은 결코 작은 일이 아닙니다. 그러나 하나님의 진노의 손길이 우리에게 뻗친다면, 이것이야말로 인간에게 참을 수 없는 십자가요 매우 두려운 일이 됩니다.

따라서 그리스도인은 그리스도가 가르치신 것이 무엇인지, 그리고 그리스도의 십자가가 무엇을 의미하는지 알아야 합니다. 또한 복음이 그리스도인이라는 자신의 이름에 머물도록 해야 합니다. 복음이란 우리가 짊어져야 하는 십자가에 관한 언급 혹은 말씀이기 때문입니다.

십자가를 지는 것이란

세상의 똑똑한 이들이 "십자가를 진다"라고 언급하는 경우는 다음과 같습니다. 사람이 거룩한 십자가를 지는 것으로 여기는 것은, 금으로 십자가나 성체현시대성체 현시에 사용되는 전례 도구를 만들거나, 사제가 성직자복을 입고 목에 스톨성직자 가운에 걸치는 긴 장식을 걸치고 은이나 금으로 된 십자가를 들고 교회주위로 돌면서 성도들에게 돈을 내게 하며 십자가에 입 맞추도록 하는 경우입니다. 오, 얼마나 어리석은 일입니까! 제가 그러한 십자가를 들고 있었다면, 현혹과 불경건한 오류를 피하기 위하여 그 거룩한 십자가를 불태워 재로 만들고자 했을 것입니다. 왜냐하면 그리스도는 자신의 십자가를 지셨고, 또한 당신도 그렇게 십자가를 지기 원하시기 때문입니다. 그래서 그리스도는 마태복음 10장 38절에서 "자기 십자가를 지고 나를 따르지 않는 자도 내게 합당하지 않다"라고 말씀하십니다. 그리스도는 "나의 십자가를 지라"라고 하시지 않고 다음과 같이 말씀하십니다.

> 네 십자가를 지라. 내가 많은 수치를 당한 나의 십자가는 그대로 둬라! 너도 역시 네게 주어져 있는 네 수치를 당해야 한다는 것을 주의하라.

그러므로 우리에게 더 필요하고 하나님이 명령하신 더 나은 행위들을 중단한 채, 큰 교회를 세우거나 귀한 돌로 둘러싸여 있거나 은으로 된 큰 그림을 세우는 것은 아무 가치가 없습니다. 또한 사람들은 트리어Trier에서 그리스도의 옷으로 특별한 축제와 가증스러운 일을 벌였습니다.[12] 그러나 옷은 옷으로, 십자가는 십자가로 남겨 두십시오! 그리스도가 우리를 부르신 유일한 이유는, 그리스도가 자신의 십자가를 지신 것처럼 우리도 우리 십자가를 인내하며 짊어지고 그의 남겨진 발자국을 따라가도록 하기 위함입니다. 이하 생략

5. 하나님이 세상을 이처럼 사랑하사

설교본문: 요한복음 3장 16-21절

"하나님이 세상을 이처럼 사랑하사 독생자를 주셨으니 이는 그를 믿는 자마다 멸망하지 않고 영생을 얻게 하려 하심이라. 하나님이 그 아들을 세상에 보내신 것은 세상을 심판하려 하심이 아니요 그로 말미암아 세상이 구원을 받게 하려 하심이라. 그를 믿는 자는 심판을 받지 아니하는 것이요 믿지 아니하는 자는 하나님의 독생자의 이름을 믿지 아니하므로 벌써 심판을 받은 것이니라. 그 정죄는 이것이니 곧 빛이 세상에 왔으되 사람들이 자기 행위가 악하므로 빛보다 어둠을 더 사랑한 것이니라. 악을 행하는 자마다 빛을 미워하여 빛으로 오지 아니하나니 이는 그 행위가 드러날까 함이요. 진리를 따르는 자는 빛으로 오나니 이는 그 행위가 하나님 안에서 행한 것임을 나타내려 함이라 하시니라."

금으로 마음에 새겨야 할 설교

이 복음은 우리가 신약성서 전체에서 발견할 수 있는 가장 훌륭한 설교 가운데 하나입니다. 우리가 이 설교를 금으로 마음에 새기는 것이 가능하다면 그렇게 해도 좋을 정도입니다. 각 그리스도인은 이 위로를 주는 말씀을 적어도 암기할 수 있어야 하고 매일 한 번씩 마음속으로 되새겨야 합니다. 우리가 그 말씀을 오직 확고하게 믿을 수만 있다면, 그 말씀은 슬픔에 찬 마음을 즐겁게 할 수 있고 죽은 사람을 다시 살게 할 수 있습니다. 하지만 우리가 그러한 훌륭한 설교를 인간의 말로 탐구하는 것은 불가능하므로, 그 설교를 논의하며 하나님께 진심으로 다음과 같이 간청하고자 합니다.

하나님, 이 말씀을 당신의 영을 통하여 우리 마음에 계시하셔서서 우리가 깨달아 이것으로부터 위로와 즐거움을 느끼도록 하소서. 아멘.

이렇게 탁월하고 위로가 가득하며 복된 설교의 요약은 다음과 같습니다.

하나님이 세상을 매우 사랑하셨고, 독생자를 보내셔서 우리 인간이 영원히 죽지 않고 영생을 얻도록 하셨습니다.

이것은 우리의 주 그리스도가 다음과 같이 말씀하시는 것과 같습니다.

들으라 인간이여, 너에게 듣지 못했던 드문 일을 눈앞에 보이고자 한다. 여기서 주는 자, 받는 자, 선물, 선물의 열매와 유익이 너무나 커서 그것은 말로 다 설명할 수 없을 뿐만 아니라 또한 생각으로 이해할 수 없을 정도이다.

위대한 증여자

우선 주신 자를 바라보기 바랍니다. 그는 가장 위대한 증여자입니다. 여기서 주시는 자는 세상에서 위대하게 여겨지는 황제, 왕, 제후가 아니라 하나님 자신이기 때문입니다. 하나님은 이해할 수 없고 전능하시고 모든 것을 말씀을 통해 창조하시고 모든 것을 유지하시는 분입니다. 하나님에 관해서는 아무리 말해도 충분하지 않습니다. 하나님은 모든 것 위에 계십니다. 하나님과 비교하면 모든 피조물, 하늘과 땅과 그 안에 있는 것들은 작은 모래알과 같습니다. 선지자 이사야가 말하는 것처럼,^{사 40:15} 양동이 안에 있는 물 한 방울같으며, 저울 안에 있는 모래알같으며, 먼지와 같습니다. 그는 주시는 자이며 위대한 증여자로 불릴 수 있을 것입니다.

주시는 방법

두 번째로, 하나님이 주시는 방법을 보기 바랍니다. 당신은 매우 위대하고 고귀한 증여자이신 하나님이 놀라운 방법으로 주신다는 사실을 알게 될 것입니다. 왜냐하면 그가 주시는 것은 당연히 받아야 하는 보상과 의무로서, 인내와 권리에 따른 공로로서 주시는 것이 아니라, 사랑이라고 불리는 최고의 미덕으로 주시는 것이기 때문입니다. 만일 우리가 그러한 하나님 마음의 끝없는 사랑을 눈으로 보고 하나님이 고귀하고 위대한 증여자라는 사실과, 그가 주시는 것은 고귀한 미덕으로부터 흘러나오는 것이라는 사실을 마음으로 믿는다면, 우리의 마음은 성숙하게 되고 모든 슬픔은 사라지게 될 것입니다.

주어진 것이 참된 사랑으로부터 나온다면, 그렇게 주시는 방법은 또한 선물을 더욱 값지고 위대하게 만들 것입니다. 사람들이 말하곤 하듯이 선물에 마음이 함께 한다는 사실을 안다면, 선물은 내게 매우 사랑스럽고 또한 사랑스러운 손으로부터 온 것이 됩니다. 반대로, 이런 의도와 목적을 의심하는 곳에서는 선물을 값진 것으로 생각하지 않습니다. 왜냐하면 선물을, 주는 마음에 따라 귀하게 평가하지 않기 때문입니다.

주어진 선물

셋째, 주어진 것 혹은 선물은 말로 다 표현할 수 없을 정도로 귀하고 위대합니다. 위대한 증여자가 탁월하고 신적인 마음으로 주신 그것은 무엇입니까? 그의 독생자입니다. 즉 그로셴Groschen이나 굴덴,Gulden 13) 황소나 말, 눈이나 발이나 손, 왕국, 태양과 별을 가진 하늘이나 모든 피조물이 아니라, 하나님 자신만큼 위대한 독생자를 주셨습니다.

그 선물은 우리 마음에 순전한 불과 빛을 만들어, 우리가 즐거움으로 춤추고 뛰는 일을 절대 멈추지 않게 할 것입니다. 증여자인 하나님과 그의 태도, 즉 우리를 향한 진심 어린 사랑은 끝이 없으며 말로 다 표현할 수 없는 것처럼, 우리에게 선물로 독생자를 주신 것이기 때문입니다. 만일 그가 아들을 주신다면 무엇인들 주지 않으시겠습니까? 바울이 말하는 것처럼 그는 자신을 주시되 자신이 가지고 있는 모든 것을 아들과 함께 주십니다.

> 자기 아들을 아끼지 아니하시고 우리 모든 사람을 위하여 내주신 이가 어찌 그 아들과 함께 모든 것을 우리에게 주시지 아니하겠느냐.롬 8:32

(마귀, 죄, 죽음, 지옥) 하늘, 의, 생명 등 모든 것이 아들과 함께 주어졌고 이 모든 것은 우리 것임에 틀림없습니다. 아들은 우리에게 선

물로 주어졌고 우리의 것이기 때문이며, 이 아들 안에 모든 것이 함께 있기 때문입니다.골2:3 그러므로 우리가 바르게 믿고 이러한 고귀한 선물을 믿음으로써 받고 취한다면, 바울이 말하는 것처럼 생명이나 죽음, 하늘이나 지옥이나 모든 피조물은 좋은 것이나 나쁜 것이나 우리에게 최선으로 기여할 수밖에 없습니다.

> 만물이 다 너희 것임이라. 바울이나 아볼로나 게바나 세계나 생명이나 사망이나 지금 것이나 장래 것이나 다 너희의 것이요 너희는 그리스도의 것이요 그리스도는 하나님의 것이니라.고전 3:21-23

이 말씀이야말로 우리가 이생에서 아무리 노력해도 충분히 알거나 이해할 수 없습니다. 그러므로 그리스도인은 날마다 간구해야 하되, 하나님이 이러한 말씀을 성령을 통하여 우리 마음에 넣으시고 그것에 불을 붙이시도록 해야 합니다. 우리는 그리스도에 관하여 바르게 말하고 다른 모든 가르침을 판단하여야 하고, 하나님이 우리에게 주신 모든 것을 믿음으로 기꺼이 인내할 수 있는 바른 신학자들이 되어야 합니다. 하지만 그러한 것은 일어나지 않고 있으며 우리는 설교를 단지 귀로만 듣지, 설교가 바르게 전해져 열매를 맺을 수 있도록 마음에 담지 않습니다. 그래서 어제나 오늘이나 변함없이 머물러 우리는 맹목적인 맹인이 되고 귀머거리가 되었습니다. 이 일은 너무나 안타깝고 수치스러운 일입니다. 틀림없이 저주받은 자들은 마지막 날에 자신들이 그러한 위로가 되는 말씀을 헛되이 설교하여 공중에 날려 보내고 받아들이지 않았음에 대해 슬퍼하며 외칠 것입니다.

증여자는 사랑으로, 받는 자는 믿음으로

그러한 선물을 받는 방식은 무엇입니까? 이러한 값 비싸고 귀한 보물을 넣는 주머니나 상자는 어떤 것입니까? 그리스도는 다음과 같은 말씀 가운데 그것을 보여주십니다.

> 그를 믿는 자 모두 멸망하지 않고 영생을 얻게 하려 함이다. 요 3:16

바로, 오직 믿음입니다. 다시 말해 그리스도를 통한 하나님의 은혜와 자비에 대한 신뢰만이 우리가 멈춰서 선물을 넣어야 하는 바른 주머니 또는 용기입니다. 그리스도는 이 사실에 대해 분명하고 명백하게 증언하고 계십니다. 하나님이 사랑을 통하여 증여자가 되신 것처럼, 우리는 믿음을 통하여 받는 자가 됩니다. 우리 행위는 그러한 위대한 보물에 전혀 속하지 않습니다. 유일하게 속하는 것이 있다면, 손을 멈추고 움직이지 않고 믿음으로 받는 것뿐입니다. 이러한 보물은 하나님으로부터 사랑을 통하여 주어지고 우리의 믿음을 통하여 받아 취해집니다. 다시 말해 하나님은 은혜로우시고 자비로우시며 우리에 대한 자비와 사랑을, 독생자를 인간이 되게 하시고 그에게 우리의 모든 죄를 담당하게 하심으로 증명하신 것을 믿을 때, 그 보물은 우리의 것이 됩니다. 세례 요한이 이사야 선지자를 통하여 말하는 것과 같습니다.

이는 세상 죄를 지고 가는 하나님의 어린양이다. 요 1:29

믿음의 능력

이 사실을 믿는 자는 분명 구원받습니다. 그 선물은 너무나 커서 죽음, 죄, 모든 불행을 삼켜버리기 때문입니다. 물 한 방울을 큰 화로에 붓는 것처럼, 온 세상의 죄는 이러한 보물 앞에서 아주 사소한 것에 불과합니다. 죄가 그리스도에게 놓이지만 이 보물이 믿음으로 붙잡혀지자마자 죄는 삼켜지고 먹힙니다. 마치 지푸라기가 큰불에 타들어 가거나 작은 모래가 광대한 바다에 삼켜지는 것처럼 말입니다. 믿음이 확고하면 할수록 우리 마음에 기쁨, 즐거움, 확실함이 더욱 많이 발견되어 모든 것을 기꺼이 행하고 인내하며, 하나님이 요구하시고 갖고자 원하시는 것만을 알게 됩니다. 이 모든 것은 하나님이 은혜로우시며 우리에게 순전한 사랑을 행하기를 원하시기 때문입니다.

당신은 자신이 혹시라도 베드로나 바울이나 다른 성자들처럼 경건하고 거룩하다면 이 사실을 기꺼이 믿고자 하고 그러한 선물로 위로를 받을 것이라 말할지 모르겠습니다. 물론 그들은 거룩하고, 그들에게는 의심할 바 없이 선물이 정해져 있습니다. 개인적으로 저는 하나님을 여러 가지로 화나게 하고 하나님 감정을 자주 상하게 하였습니다. 그래서 그러한 선물이 가련한 죄인인 저를 위한 것이라는 사실에 회의적이었습니다.

만일 마음이, 그러한 설교에서 자신을 바르게 바라보고 자신의 잘못된 행위를 생각했다면, 그러한 회의적인 생각이 들게 되었을 것입니다. 그럴때에 우리는 하나님의 말씀을 벗어나지 않도록 그러한 생각에 너무 오래 골몰하지 않도록 주의해야 합니다. 오히려 우리는 신속하게 다시 말씀으로 되돌아가 그것에 따라 판단해야 합니다. 그러한 회의적인 생각은 정말로 불신앙입니다. 이 불신앙은 그러한 선물과 위로를 주는 설교로부터 우리를 떠나게 합니다.

'세상'의 의미

불신앙은 오직 하나님의 말씀으로만 막을 수 있습니다. 우리 주 그리스도가 직접 하나님 말씀을 우리에게 설교하신다면, 우리는 그러한 설교와 말씀을 의심할 아무런 이유가 없습니다. 그리스도는 하늘에 계신 아버지, 참되고 영원하신 하나님이 세상을 사랑하셔서 독생자를 주셨다고 말씀합니다. 여기서 여러분이 알아야만 하고 모든 사람이 고백해야 하는 사실이 있습니다. 그것은 바로 '세상'이라는 말의 의미입니다. '세상'은 베드로, 바울, 성자들을 의미하는 것이 아니라, 예외 없이 모든 인간, 인류를 가리킵니다. 당신은 자신이 사람이라고 생각합니까? 만일 당신이 그렇게 생각하지 않는다면, 당신이다른 사람처럼 인간인지 아닌지 당신 자신을 한 번 만져보기 바랍니다. 그리스도는 분명하고 명료한 말로 하나님이 아들을 베드로나 바울에게만 주신 것이 아니라 세상에 주셔서, 인간이라면 모두 그에게향해야 한다고 말씀하십니다. 그런데 왜 당신은 '세상'이라는 말로부터 자신을 제외시키고자 합니까?

베드로와 바울뿐만 아니라 죄인인 나도 세상에 속해 있다

만일 제가 그와 아무 관계가 없는 것처럼 그에게 방향을 돌리지 않고 당신 또한 그렇게 한다면, 그리스도의 이 말씀은 진리일 리가 없습니다. 말씀은 그가 세상에 주어졌다고 말하고 있기 때문입니다. 그러므로 당신은 그러한 말씀으로부터 다음과 같은 결론을 내려야 합니다. 즉 이러한 선물이 베드로와 바울에게 속한 것처럼 당신에게도속해 있다는 사실을 의심하지 말고 당신의 것으로 잘 받아야 합니다. 당신은 베드로와 바울처럼 인간이고 세상의 한 부분이기 때문입니다. 하나님은 아들을 마귀에게 주신 것이 아니고 개나 거위에게 주신것도 아니며, 오히려 우리 인간에게 주셨습니다. 그러므로 우리는 하나님의 말씀을 거짓말이라고 책망하며 다음과 같이 말해서는 안 됩니다.

이 아들이 선물로 주어지고 영원한 삶이 아들을 통하여 약속된
자들 가운데 내가 속해 있는지 누가 압니까?

이러한 말은 우리의 주 하나님을 거짓말쟁이로 만드는 것입니다.

그러므로 그러한 생각이 당신의 마음에 든다면, 마치 마귀가 거기
에 있는 것처럼 십자가 성호를 긋고 그러한 생각이 당신을 속이지 못
하도록 하기 바랍니다. 그리고 다음과 같이 말하기 바랍니다.

내가 베드로도 바울도 아니라는 사실을 왜 묻는가?

만일 하나님이 이러한 보물을 오직 그들에게, 그리고 가치 있는 부
류에만 주시고자 했다면, 그 보물을 순수하고 더럽혀지지 않은 영인
천사들에게, 그리고 항상 하나님의 규정에 따라 확고한 노선으로 움
직이는 해와 달에게 주셨을 것입니다. 그러나 확실한 사실은, 하나님
은 그것을 세상에 주셨다는 것입니다. 비록 제가 베드로나 바울과 같
지 않을지라도, 저는 이러한 선물에서 제외되지 않았습니다. 심지어
다윗과 모든 사도처럼 그것에 참여하기를 원합니다. 다윗은 어떤 사
람이었습니까? 그도 역시 중대하고 심각한 죄를 짓지 않았습니까?
사도들은 어떠하였습니까? 그들 모두 죄인이고 매우 무가치하지 않
았습니까?
그러므로 누구도 다음과 같은 논증을 좇아서는 안 됩니다.

나는 죄인이다, 베드로처럼 거룩하지도 경건하지도 않다. 그러므로 나는 이러한 선물을 받지 못하고 누리지도 못한다.

오히려 다음과 같이 말하기 바랍니다.

나는 내가 원하는 모습이다. 나는 하나님이 거짓말을 하셨다고 책망해서는 안 된다. 나는 세상에 속해 있다. 만일 내가 그러한 선물을 받아들이고자 하지 않는다면, 나는 다른 모든 죄는 물론이거니와 하나님을 거짓말쟁이라고 책망하는 일을 행하는 것이 된다.

하나님은 보편적으로 말씀하신다

만일 하나님이 직접 당신에게 특별하게 약속하셨다면, 그것은 믿을만한 일이고, 그럴 때 그것이 당신에게 유효하다는 사실을 확신할 수 있다고 당신은 생각할 수 있습니다. 그러나 아닙니다. 하나님은 약속의 말씀을 보편적인 것으로 선언하십니다. 아들과 영생은 모든 세상에 약속되고 선물로 주어진 것이며, 이 선물에서 어떤 사람도 제외하지 않으셨습니다. 하나님은 모든 사람을 품으시기 때문에 저도 당신도, 어떤 사람도 그것을 의심할 수 없습니다. 그럼에도 불구하고 자신을 스스로 제외하는 사람은 스스로 책임져야 합니다. 하나님은 이런 부류의 사람들에게 다음과 같이 말씀하십니다.

내가 스스로 그들을 심판하는 것이 아니라 오히려 그들 자신의 입이 그들을 심판할 것이다.

그러한 선물은 하나님이 온 세상에 약속하시고 주신 것이기 때문입니다. 그들은 자신의 불신앙으로, 하나님 말씀에 거슬러서 이 선물을 취하고자 하지 않습니다. 세례와 그리스도의 몸과 피의 성례전은 우리의 주 그리스도에 의해 제정된 것으로, 각자가 특별히 그러한 선물을 취하고 자신을 위해 유지하며 사용하도록 하기 위함입니다.

순전한 사랑으로 주어진 선물이신 그리스도

이상 본문 말씀에 관하여 간단하게 말씀드렸습니다. 이 말씀보다 완전하고 바르고 아름다운 설교는 없습니다. 그것은 죄로 인하여 죽을 수밖에 없는 우리가 구원받을 수 있는 핵심 가르침이기 때문입니다. 그 말씀 안에는 그리스도가 우리를 위해 가장 순전하고 사랑스럽게 비추어져 계십니다. 그는 아버지의 순전한 사랑에 의해 우리에게 주어진 선물이며 그 사랑은 그가 은혜로운 하나님으로서 악하고 배은망덕한 세상을 향해 가진 것입니다. 각자가 그리스도인이 무엇을 보물과 위로로 소유하고 있는지, 세상과 하나님이 무엇인지, 우리가 그러한 은혜에 어떻게 오직 믿음으로 이르게 되는지 배울 수 있습니다. 성령을 통하여 믿음을 뒤따라야 하는 선행에 관한 설교는 다른 기회에 하겠습니다. 오늘 설교에서는 하나님으로부터 받은 것에 관하여, 그리고 우리가 그것을 어떻게 받아들이고 붙잡아야 하는지 선포하였습니다.

우리가 그것을 믿고 즐겁게 모든 것을 인내하고 영원히 구원받게 되기를 하나님께 간절히 기도합니다. 이를 위해 우리 주 사랑하는 하나님이 그의 아들, 우리 주 예수 그리스도를 통하여 도우소서.

아멘.

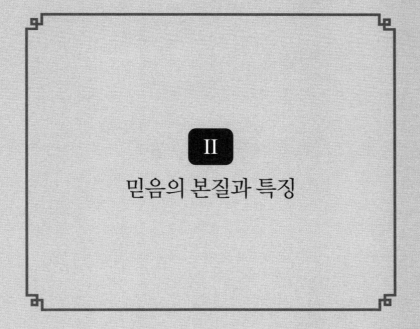

II

민음의 본질과 특징

6. 가나안 여인의 믿음

성경본문: 마태복음 15장 21-28절

"예수께서 거기서 나가사 두로와 시돈 지방으로 들어가시니 가나안 여자 하나가 그 지경에서 나와서 소리 질러 이르되 주 다윗의 자손이여 나를 불쌍히 여기소서. 내 딸이 흉악하게 귀신 들렸나이다 하되 예수는 한 말씀도 대답하지 아니하시니 제자들이 와서 청하여 말하되 그 여자가 우리 뒤에서 소리를 지르오니 그를 보내소서. 예수께서 대답하여 이르시되 나는 이스라엘 집의 잃어버린 양 외에는 다른 데로 보내심을 받지 아니하였노라 하시니 여자가 와서 예수께 절하며 이르되 주여 저를 도우소서. 대답하여 이르시되 자녀의 떡을 취하여 개들에게 던짐이 마땅하지 아니하니라. 여자가 이르되 주여 옳소이다마는 개들도 제 주인의 상에서 떨어지는 부스러기를 먹나이다 하니 이에 예수께서 대답하여 이르시되 여자여 네 믿음이 크도다. 네 소원대로 되리라 하시니 그 때로부터 그의 딸이 나으니라."

믿음의 바른 예

이 복음서는 우리에게 한결같고 완전한 믿음의 바른 예를 제시해 주고 있습니다. 가나안 여인은 세 가지 크고 고된 싸움을 견디어 극복했고, 또한 믿음의 바른 종류와 덕이 무엇인지를 훌륭하게 가르치고 있습니다. 믿음은 말씀을 통하여 경험되고 계시되는 하나님의 은혜와 자비에 대한 참된 신뢰입니다.

마가는 그녀가 예수님에 대한 소문을 들었다고 말합니다. 어떤 소문입니까? 그것은 의심할 여지 없이 좋은 소식이고 좋은 외침입니다. 즉, 그리스도는 누구든지 가리지 않고 기꺼이 도우시는 경건한 분이라는 소식입니다. 그러한 (하나님에 관한) 소문이 참된 복음이고 은혜의 말씀입니다. 이 여인은 이 소문을 듣고 믿음을 갖게 된 것입니다. 그녀에게 믿음이 없었다면, 예수님께 그렇게 가까이 다가오지 못했을 것입니다. 우리가 자주 듣는 것처럼 믿음은 들음에서 납니다. 롬 10:10 말씀이 먼저 와야 하고 말씀을 듣는 것이 구원의 시작입니다.

먼저 율법이 죄를 드러나도록 해야 한다

그러나 많은 사람이 그리스도에 관한 좋은 소식을 들었지만 그리스도를 따르지 않고 또한 그러한 좋은 소식을 하찮은 것으로 여깁니다. 그 이유는 무엇입니까? 병든 자에게 의사는 유익하고 환영할만한 존재이지만, 건강한 사람에게는 의사가 필요 없는 것과 같습니다. 하지만 여인은 자신의 곤경을 깨닫고 아가서 1장 3절에 쓰여 있는 것처럼 달콤한 냄새를 좇아 달려갔습니다. 따라서 모세^{하나님의 율법가}가 먼저 와서 죄를 느끼도록 가르쳐야 합니다.

이것은 은혜가 달콤하고 환영받을 만한 것이 되기 위한 것입니다. 그리스도가 아무리 친절하고 사랑스러우실지라도 소용이 없는 때가 있습니다. 그것은 인간이 자신에 대한 인식을 통하여 겸허해지지 않거나, "그는 굶주린 자들을 좋은 것으로 채우시지만, 부한 자들은 빈손으로 가게 하십니다"라고 마리아 찬가에서 말하는 것처럼^{눅 1:53} 그리스도에 대한 열망을 갖지 않는 경우입니다.

이 모든 말씀은 비참하고 가련하고 가난하고 죄가 있고 멸시받는 자들을 위로하기 위해 쓰인 것입니다. 이것은 그들이 곤궁할 때마다 누구에게로 달려가야 하며, 누구에게서 위로와 도움을 구할 것인지 알도록 하기 위한 것입니다.

믿음의 시작과 성장

가나안 여인의 예에서 그리스도가 자신을 따르는 자들에게서 어떻게 믿음을 일으키고 또한 믿음이 강하고 확고해지도록 하시는지 보기 바랍니다. 우선, 가나안 여인은 그러한 좋은 외침을 듣고 그리스도를 뒤따르며, 그리스도가 소문처럼 그녀에게 자비롭게 행하실 것이라는 확고한 신뢰를 가지고 외칩니다. 하지만 그리스도는 그 모든 소문과는 다르게 행동하십니다. 마치 그리스도는 자신의 좋은 명성을 거짓으로 만들어 그녀의 믿음과 선한 신뢰를 헛되게 하시며 그녀에게 다음과 같은 생각이 들도록 하시는 것처럼 보입니다.

> 정말 이 사람이 은혜롭고 친절한 사람인가? 내가 그에 관하여 들은 좋은 말들이 맞는 것인가? 그 소문은 거짓이다. 그는 나의 적이고 나를 원하지 않으신다. 지금 그는 마치 돌처럼 침묵하고 계신다.

보십시오. 하나님이 진지하고 화가 나신 것처럼 보이고 (마음으로 느끼며 경험으로 잘 아는 것처럼) 그의 은혜를 은밀하고 깊이 감추신다면, 이것이야말로 매우 분명한 거절의 표시입니다. 이에 대해 그녀는 하나님이 스스로 말씀하신 것을 지키기를 원하지 않으시며, 또한 홍해에서 이스라엘 자녀들에게, 그리고 그 외 다른 많은 위대한 성자들에게 행하신 것과 달리, 자신의 말씀을 거짓으로 드러나게 하신다고 생각할 수도 있습니다.

본성과 이성에 거슬러 오직 말씀을 신뢰하라

그런데 가련한 여인은 어떻게 행합니까? 그녀는 그리스도의 모든 불친절하고 거친 태도로부터 자신의 눈을 돌리고, 이 모든 것에 미혹되지 않습니다. 또한 그것을 마음에 담지 않고 오히려 즉각적이고도 확고하게, 그에 관하여 듣고 붙들었던 좋은 소식을 신뢰하며 매달리고 절대 포기하지 않았습니다. 우리도 그녀와 같이 오직 말씀에 확고하게 매달려야 합니다. 비록 하나님이 모든 피조물에 대한 그의 말씀과 다르게 행하시는 것처럼 보일지라도 말입니다. 그녀가 자아를 버리고 그녀 자신이 느끼는 모든 것을 포기하고 오직 순전한 하나님의 말씀에 매달리는 것은 얼마나 어려운 일이겠습니까? 그녀 역시 모순됨을 느끼기에 본성과 이성을 거역하는 것은 매우 어려운 일이었습니다. 하나님은 이러한 상황과 같이 곤경과 죽음의 순간에 우리를 도우심으로 그러한 용기와 믿음을 갖도록 하십니다.

다음으로, 그녀의 외침과 믿음이 아무 소용이 없게 되자, 예수님 제자들이 믿음을 가지고 나아와 자신들의 간구가 분명히 응답될 것이라 생각하며 그녀를 위해 기도합니다. 그들은 그리스도의 마음이 조금은 부드러워지리라고 생각했지만, 그들의 믿음과 기도는 실패하였고 그리스도는 우리가 보고 생각하는 것보다 더 매정하셨습니다. 그리스도는 침묵하시거나 그들을 의심에 빠지게 하신 정도가 아니라 아예 그들의 기도를 거절하셨습니다.

이스라엘 집의 잃어버린 양 외에는 다른 데로 보내심을 받지 아니하였노라. 마 15:24

이러한 거절은 매우 곤란한 것입니다. 왜냐하면 우리 자신의 인격이 거부당한 것뿐만 아니라, 우리가 아직 알고 있는 유일한 위로, 즉 경건하고 거룩한 사람들의 위로와 중보 역시 거절당했기 때문입니다. 우리는 하나님이 우리에게 자비롭지 않으시다고 느끼거나 어떠한 고난을 겪게 되면, 경건하고 영적인 사람들에게 가서 조언과 도움을 구합니다. 이것이 우리의 최후의 도움이자 그들 또한 사랑의 요구처럼 기꺼이 도우려고 합니다. 하지만 이것으로부터 아무 유익도 생기지 않습니다. 그들의 청은 받아들여지지 않으며 오히려 우리의 상황은 더욱 악화될 뿐이기 때문입니다.

느낌이 아니라 오직 말씀만을 확고하게 신뢰하라

여기서 사람들은 그리스도가 성자들에게 약속하셨던 모든 말씀으로 그리스도를 비난하고자 합니다. 그리스도는 다음과 같은 약속의 말씀을 하셨습니다.

진실로 다시 너희에게 이르노니 너희 중의 두 사람이 땅에서 합심하여 무엇이든지 구하면 하늘에 계신 내 아버지께서 그들을 위하여 이루게 하시리라. 마 18:19

내가 너희에게 말하노니 무엇이든지 기도하고 구하는 것은 받은 줄로 믿으라, 그리하면 너희에게 그대로 되리라. 막 11:24

이와 같은 말씀들은 매우 많습니다. 하지만 이 여인에게 해당하는 약속은 어디에 있습니까? 여기서 끝이 아닙니다. 그리스도는 곧바로 이렇게 대답하여 말씀하십니다.

그것은 사실이다. 나는 모든 기도를 듣는다. 그러나 나는 그러한 약속을 오직 이스라엘 집에만 하였다.

당신은 어떻게 생각하십니까? 만일 누군가가 신뢰하는 하나님의 말씀이 자신에게 말해진 것이 아니라 오직 자신을 제외한 다른 이에게만 적용된다는 사실을 알게 된다면, 그것이야말로 마음과 믿음을 수천 개로 산산조각내는 일이 아니겠습니까? 여기서 모든 성자와 그들의 중보는 아무 도움도 능력도 되지 않습니다. 느낌에 따르고자 하는 곳에서는 말씀 역시 포기하는 것이 정상입니다.

그러나 이 가련한 여인은 어떻게 합니까? 그녀는 포기하지 않고 말씀에 매달립니다. 비록 그녀의 마음이 무력武力으로 찢길지라도 말입니다. 그녀는 그러한 가혹한 대답에도 아랑곳하지 않고 그리스도의 선함이 그 대답에 감추어져 있다고 여전히 확고하게 신뢰합니다. 그리스도가 자비롭지 않으시거나 자비롭지 않고자 하신다고 판단하려

하지 않았습니다. 이것이야말로 끈기이며 확고함입니다.

그리스도의 말씀만을 붙잡는 믿음

세 번째, 그녀는 마가복음^막 7:24-25이 보고하듯이 그리스도를 따라 집으로 들어갑니다. 그녀는 인내하며 그리스도의 발아래 엎드려 "주여, 나를 도우소서"라고 말합니다. 이때 그녀에게 최후의 죽음의 일격이 가해집니다. 그리스도가 그녀의 면전에서 그녀가 개이며 자녀들에게 줄 빵을 먹을 자격이 없다고 말씀하신 것입니다. 그녀는 이에 대해 어떻게 반응해야 할까요? 그리스도는 그녀가 저주받고 버림받은 자들 가운데 하나이며 하나님의 선택된 자들 가운데 속해 있지 않다고 단도직입적으로 말씀하고 계신 것입니다. 이것은 누구도 무시할 수 없는, 또한 영원히 반박할 수 없는 답변입니다. 그럼에도 불구하고 그녀는 여전히 포기하지 않습니다. 오히려 그리스도의 판단에 동의하여 자신을 개라고 시인합니다. 게다가 자신이 개로 불리기를 원합니다. 그녀는 주인의 상에서 떨어지는 부스러기라도 먹고자 합니다. 이것보다 믿음을 더 잘 보여주는 이야기가 있을까요? 그녀는 그리스도를 그리스도의 말씀으로 붙잡습니다.

그리스도는 그녀를 개에 비유하셨고 그녀는 이것을 인정합니다. 그리스도 자신이 판단하시는 것처럼 그녀는 자신을 개로라도 여겨 달라고 간청하였습니다. 이제 그리스도가 피하실 수 있는 길이 있을까요? 그리스도는 잡히고 말았습니다. 사람들은 개에게 식탁 아래에 있는 부스러기를 먹도록 합니다. 이것은 당연한 권리입니다. 그러므로 그리스도는 이제 그녀에게 마음의 문을 완전히 열고 그녀의 뜻에 양보하십니다. 이제 그녀는 개가 아니라 이스라엘의 자녀가 됩니다.

하나님의 '예'는 깊이 감춰져 있다

이 모든 것은 우리에게 위로와 교훈을 주기 위해 쓰인 것입니다. 다시 말해 하나님이 우리 앞에서 은혜를 얼마나 깊이 감추시는지 알게 하고, 또한 우리는 느낌과 생각에 따라서가 아니라, 엄격하게 하나님의 말씀에 따라 하나님을 판단해야 한다는 것을 알도록 하기 위함입니다. 이 이야기에서 보는 것처럼, 비록 그리스도가 몰인정하신 것처럼 보이는 "안돼!"라는, 아니 "안돼!"라는 것처럼 들리는 이 대답은 최종적인 결정이 아니라 결정되지 않은, 즉 결정을 미루는 것이었습니다. 왜냐하면 그리스도는 "나는 그녀의 말을 듣지 않을 거야"라고 말씀하신 것이 아니라 "예!"도 "아니오!"도 아닌, 조용히 침묵하신 것이기 때문입니다.

그리스도는 또한 그녀가 이스라엘의 집 출신이 아니라고 말씀하시지 않고, 자신은 오직 이스라엘의 집을 위해 보냄을 받았다고 말씀하신 것입니다. 이것은 "예!"와 "아니오!" 사이에서 결정하지 않은 채 미정으로 남겨놓으신 것이라는 의미입니다. 따라서 "너는 개다.

사람들은 너에게 자녀의 **빵**을 주어서는 안 되고, 자녀의 **빵**을 취해 개에게 던지는 것은 옳은 일이 아니다"라고 말씀하신 것이 아니었습니다. 그녀가 개인지 아닌지 결정하지 않은 채 결정을 미루신 것입니다. 이러한 세 가지 부분그녀의 믿음에 대한 시련들은 "예!"보다는 "아니오!"의 의미처럼 들리나, 그 안에는 "아니오!"보다 "예!"라는 의미가 더 많습니다. 아니, 그 안에는 오직 "예!"만 있습니다. 하지만 이것은 매우 깊이 은밀하게 감추어져 있으며 단지 "아니오!"처럼 보일 뿐입니다.

영적인 시련 가운데서의 마음

이러한 사실에서 우리는 영적인 시련 가운데 있을 때 우리 마음이 어떤 상태인지 알 수 있습니다. 마음이 어떻게 느끼는지 이 이야기에서 보여줍니다. 마음은 오직 "아니오!"라고 느끼지만, 그것은 사실이 아닙니다. 오히려 그러한 느낌으로부터 돌아서서, 이 여인이 한 것처럼 "아니오!" 아래에, "아니오!" 너머에 있는 깊고 은밀한 "예!"를 하나님 말씀에 대한 확고한 믿음을 가지고 붙들고 유지해야 합니다. 그리고 하나님이 우리에 대해 판결하시는 것이 옳다고 인정해야 합니다. 그럴 때 우리는 승리하고 그리스도를 그의 말씀으로 붙잡게 되는 것입니다.

이러한 상황은 하나님이 우리를 (죄인으로) 꾸짖으시고 우리가 하나님 나라를 얻을 자격이 없다고 판결하신다고 양심으로 느낄 때, 우리가 영원히 멸망되었다고 생각하며 지옥을 경험하는 상황과 똑같습니다. 이제 이 여인의 기술을 따라 할 수 있는 자는 하나님을 그의 판결 속에서 붙잡고 다음과 같이 말합니다.

> 오 주님, 제가 죄인이고 당신의 은혜를 받을 자격이 없는 것은 사실입니다. 그러나 당신은 죄인들에게 죄의 용서를 약속하셨고, 바울도 말한 것처럼[딤전 1:15] 의인이 아니라 죄인을 구원하시기 위해 오셨습니다.

보십시오. 하나님은 자신의 판결을 통하여 우리에게 자비를 반드시 베푸십니다.

죄인임을 인정함으로 구원받는다

므낫세 왕의 기도가 우리에게 보여주는 것처럼, 그는 회개할 때 이처럼 행했습니다.[대하 33:12] 그는 하나님을 옳다고 판단하며 인정하였고 스스로 자신을 큰 죄인으로 선고하였으나, 죄인에 관한 하나님의 용서에 대한 약속을 붙들었습니다. 다윗도 그렇게 행하며 다음과 같이 말합니다.

> 내가 주께만 범죄하여 주의 목전에 악을 행하였사오니 주께서

말씀하실 때 의로우시다하고 주께서 심판하실 때에 순전하시다 하리이다. 시 51:4

　하나님이 우리를 죄인으로 간주하고 판결하시면, 우리는 하나님의 판결을 견딜 수 없고 동의할 수 없을 정도로 매우 분노하게 됩니다. 만일 저주받은 자들이 죄인임을 인정할 수만 있다면, 그들은 잠깐이지만 구원받은 것입니다. 우리는 우리 자신이 죄인이라고 입으로 말하지만, 하나님이 직접 그것을 우리 마음에 말씀하시면 우리는 바로 서 있지 못할 것입니다. 또한 우리 자신이 경건한 자로 여겨지기를 간절히 바라고 판결로부터 자유롭게 되기를 원할 것입니다. 그러나 이것은 다음과 같이 이루어져야 합니다. 만일 하나님이 당신이 죄인이라고 말씀하시는 가운데 의롭고자 하신다면, 당신은 죄인이어야 합니다. 그런 후에 당신은 하나님이 모든 죄인에게 주신 권리, 즉 죄 용서의 권리를 사용할 수 있습니다. 그러면 당신은 개처럼 식탁 아래에 있는 빵부스러기를 먹을 뿐만 아니라, 당신은 또한 그의 자녀가 되며 당신의 뜻에 따라 하나님을 당신 자신의 것으로 소유하게 됩니다.

　이것이 오늘 복음서 말씀의 영적인 의미이며 성서적인 해석입니다. 왜냐하면 이 가련한 여인이 자신의 믿음을 통하여 딸의 육체적인 질병이 기적적으로 치유됨을 경험한 것처럼, 우리도 이것을 경험하게 되기 때문입니다. 즉, 우리는 죄와, 참으로 사악한 사탄인 영적인 질병으로부터 건강하게 되는 것을 경험할 것입니다. 그녀가 개가 된 것처럼 우리도 죄인과 지옥의 낙인이 찍혀져야 합니다. 이때 비로소 우리는 치유되고 구원받게 됩니다.

　여인의 딸에게서 이루어진 것처럼 자신의 믿음이 아니라 다른 사람의 믿음을 통하여 은혜와 도움을 얻을 수 있다는 사실 외에 이 복음서에서 말해야 하는 많은 것은 다른 설교에서 충분히 다루어졌습니다. 또한 이 복음서에서 그리스도와 그의 제자들은 이 여인과 함께 우리에게 사랑의 모범을 보여주고 있습니다. 누구도 자기 자신을 위해서가 아니라 다른 사람을 위해 행하고 간구하고 돌봐야 한다는 사실이 분명하고도 충분하게 잘 발견되고 있습니다.

7. 믿음의 능력과 불신앙

성경본문: 마태복음 8장 23-27절

"배에 오르시매 제자들이 따랐더니 바다에 큰 놀이 일어나 배가 물결에 덮이게 되었으되 예수께서는 주무시는지라. 그 제자들이 나아와 깨우며 이르되 주여 구원하소서. 우리가 죽겠나이다. 예수께서 이르시되 어찌하여 무서워하느냐, 믿음이 작은 자들아 하시고 곧 일어나사 바람과 바다를 꾸짖으시니 아주 잔잔하게 되거늘, 그 사람들이 놀랍게 여겨 이르되 이이가 어떠한 사람이기에 바람과 바다도 순종하는가 하더라."

믿음과 불신앙에 관하여

이 복음은 우리에게 믿음과 불신앙의 예를 제시하여, 믿음의 능력이 얼마나 강력한지를 알도록 합니다. 믿음이란 크고 놀랄만한 일들을 다루며 놀라운 일들을 일으킨다는 사실과, 불신앙이란 매우 절망적이고 어리석으며 경악스러워 어떤 것도 전혀 할 수 없다는 사실을 배우게 됩니다.

오늘 말씀에서 제자들의 마음이 어떠하였는지 보기 위해 그들의 경험을 주목해 보고자 합니다. 첫째, 그들이 그리스도와 함께 배에 탔을 때, 바다는 잔잔했고 그들은 아무것도 느끼지 못했습니다. 그들에게 믿음이 있었는지 물었다면 그들은 분명하게 그렇다고 대답했을 것입니다. 하지만 그들의 마음은 폭풍우가 없는 바다의 잔잔함을 신뢰하였고 눈에 보이는 것에 근거하고 있다는 것을 알지 못했습니다. 폭풍이 오고 파도가 배를 덮치게 되었을 때, 그들의 믿음은 끝이 납니다. 왜냐하면 그들이 신뢰했던 잔잔함과 평화는 불확실한 것이었기 때문입니다. 그들의 믿음은 잔잔함과 평화가 깨지자 달아났고 거기에는 불신앙만이 남게 되었습니다.

불신앙의 본질

불신앙은 이제 무엇을 행합니까? 불신앙은 느끼는 것경험 외에는 더 이상 보지 못합니다. 불신앙은 생명과 안전함을 느끼지 못합니다. 오히려 배에 밀려드는 파도와, 죽음과 모든 위험으로 위협하는 바다를 느낄 뿐입니다. 제자들은 온 몸으로 이러한 것을 느끼며 그것을 주시하고, 그것에 대한 두려움을 떨쳐 버리지 못합니다. 그로 인해 공포와 두려움과 절망은 계속됩니다. 그들이 그것을 더 많이 보고 느끼면 느낄수록, 죽음과 절망이 더욱 세게 그들을 괴롭히고 매 순간 그들을 삼키려고 위협합니다. 불신앙은 그러한 경험느낌을 피할 수 없으며 한 순간도 느낌과 다르게 생각할 수 없게 만듭니다.

왜냐하면 불신앙은 매달리고 위로받을 수 있는 다른 어떤 것도 갖고 있지 않기 때문입니다. 따라서 단 한 순간도 편안할 수 없고 평안할 수 없습니다. 지옥에서도 그럴 것인데, 거기에는 절망과 두려움과 놀람만이 끝없이 있을 뿐입니다.

믿음의 길

제자들에게 참된 믿음이 있었다면, 그 믿음은 바람과 바다의 파도를 그들 마음으로부터 몰아냈을 것이고, 눈앞에 보이는 바람과 폭풍우 대신에 말씀에서 약속하신 하나님의 능력과 은혜를 보았을 것입니다. 믿음이 있었다면 그 말씀을 신뢰하여 마치 굳건한 반석 위에 있고, 물 위에서 움직이지 않으며, 태양이 밝게 빛나고 잠잠하여 어떤 폭풍우도 일지 않기라도 한 것처럼 느꼈을 것입니다. 그것이 바로 믿음의 탁월한 기술^{위대한} 특징이자 능력입니다. 믿음은 보이지 않는 것을 보며, 보이는 것^{느끼는 것}, 다시 말해 우리를 몰아내고 억압하는 실제 상황은 보지 않습니다. 반면, 불신앙은 보이는 것^{느끼는 것}만을 보고, 보이지 않는 것에는 매달릴 수 없습니다.

믿음의 본질

하나님이 믿음을 부여하신 목적은 사소한 것들을 다루는 것이 아니라, 온 세상이 감당할 수 없는 것, 즉 죽음, 죄, 세상, 마귀를 다루도록 하기 위해서입니다. 왜냐하면 온 세상은 죽음 앞에서 버틸 수 없으며, 오히려 죽음으로부터 도망치고 놀라며 죽음에 의해 정복당하기 때문입니다. 그러나 믿음은 확고하게 서서 온 세상을 집어삼키는 죽음에 저항하며 싸워 승리하고, 만족할 줄 모르는 삶의 탐욕가를 삼켜버립니다. 온 세상은 육신을 조정하거나 제압할 수 없고, 오히려 육신이 온 세상을 지배합니다. 육신이 원하는 것은 관철하고자 하기에 온 세상은 그것으로 육적인 것이 됩니다. 그러나 믿음은 육신을 붙잡고 제압하며 속박하여 섬기는 종이 되도록 합니다. 어떤 사람도 세상의 광란과 박해와 모독과 수치와 미움과 질투를 참을 수 없습니다. 각자는 지쳐서 물러나게 되고 세상은 모든 것을 지배하고 승리합니다. 오직 믿음만이 세상을 조롱하고 그러한 모든 것을 밟아서 즐거움과 기쁨을 얻게 할 수 있습니다.

셀 수 없이 많고 교활한 유혹으로 진리, 하나님 말씀, 믿음, 소망을 방해하며 많은 오류, 분파, 유혹, 이단, 절망, 미신, 공포를 끝없이 일으키고자 하는 마귀를 누가 이길 수 있겠습니까? 마귀와 온 세상은 마치 우물과 불꽃의 관계로 설명할 수 있습니다. 온 세상은 우리가 보고 듣고 이해하는 것처럼 마귀에게 굴복할 수밖에 없습니다. 그러나 믿음은 마귀를 애먹이고 마귀에게 유혹되지 않을 뿐만 아니라, 또한 마귀의 부정함을 드러내고 마귀를 수치스럽게 만듭니다. 그로 인해 마귀의 속임수는 실패하고, 마귀는 쓰러지고 넘어지게 됩니다.

오늘날 면죄부와 교황제도가 그런 예입니다. 어느 사람도 아무리 사소한 죄라도 누그러뜨리거나 침묵시킬 수 없습니다. 오히려 죄는 양심을 물고 집어삼킵니다. 온 세상이 그러한 사람을 위로하며 지지한다고 해도 그에게 도움이 되지 않으며, 그 사람은 지옥에 떨어질 수밖에 없습니다. 여기서 믿음이 영웅입니다. 비록 온 세상이 행한 것만큼 죄가 많을지라도, 믿음은 모든 죄를 누그러뜨립니다.

믿음의 힘

그러한 강력한 모든 적을 이기고 승리를 얻을 수 있는 믿음에 대하여 요한 사도는 다음과 같이 말합니다.

세상을 이기는 승리는 이것이니 우리의 믿음이니라. 요일 5:4

이러한 것은 평안과 잠잠한 평온함으로 이루어지지 않습니다. 그것은 어떤 상처나 피 흘림 없이는 시작되지 않는 싸움이기 때문입니다. 마음은 그러한 싸움에서 죄와 죽음과 육신과 마귀와 세상을 혹독하게 경험하며 패배하였고 죄와 죽음이 승리했으며 마귀가 우세하다는 사실 외에는 그 어떤 것도 생각하지 않습니다. 그러나 믿음의 능력이라면 그것을 거의 느끼지 않습니다. 이것이 오늘 말씀에 표현되어 있습니다. 파도가 배에 부딪힐 뿐 아니라 배를 뒤덮어 배가 침몰하여 가라앉게 되었고, 그리스도는 누워 주무시고 계셨습니다. 삶의 소망은 없고 죽음이 우세하여 승리했습니다. 삶은 쓰러지고 실패하였습니다.

시련 가운데 행하는 방법

죄와 마귀와 다른 모든 시련에도 이런 상황이 펼쳐집니다. 우리는 죄가 양심을 사로잡았고, 진노와 지옥이 홀로 지배하고 있고, 우리가 영원히 패배할 수밖에 없다는 것을 느끼게 됩니다. 마귀는 오류와 거짓된 가르침으로 많은 것을 수행하여 하나님의 말씀은 실패로 끝나고 세상은 거짓을 자랑으로 여기는 것처럼 보입니다. 마찬가지로, 세상적인 박해를 통해 어떤 사람도 버티거나 구원받을 수 없고 심지어 믿음을 고백할 수 없도록 보이게 합니다. 가인이 동생이 더 이상 존재하지 않도록 그를 죽여 홀로 다스리고자 한 것처럼 말입니다. 따라서 우리는 겉모습이나 느낌경험에 따라 판단하거나 행해서는 안 되고, 믿음에 따라서 해야 합니다.

오늘 복음서 말씀은 우리가 어떻게 행동해야 하는지 가르쳐 주는 모범입니다. 이것은 우리가 죄의 곤경에서, 죽음의 고통에서, 세상의 소동에서 절망하지 않도록 하기 위한 것입니다. 파도가 아무리 배를 뒤덮을지라도, 배는 절대 파선되지 않는다는 사실을 알아야 합니다. 악한 양심 가운데 죄와 진노를 경험하고 은혜가 없는 것을 느낄지라도, 우리는 망하지 않을 것입니다. 온 세상이 우리를 미워하고 박해할지라도, 우리에게 보복의 입을 벌릴지라도 우리는 죽지 않을 것입니다. 이러한 모든 것이 당신의 작은 배 위로 덮치는 파도입니다. 이것이 바로 당신을 절망하게 하고 다음과 같이 외치게 만듭니다.

우리가 죽을 것 같습니다. 주여, 구하소서. ^{마 8:25}

여기서 당신은 오늘 복음의 첫 부분인 믿음을 보게 됩니다. 어떻게 믿음이 성장하고 승리하게 되는지, 그리고 불신앙이 얼마나 무능하고 낙담케 하는 것인지 보게 됩니다.

사랑에 관하여

오늘 본문의 두 번째 부분의 내용은 사랑입니다. 그리스도는 제자들을 위해 잠에서 깨어 일어나 그들의 곤경을 마치 자신의 것처럼 여기십니다. 그리스도는 그들의 공로 때문이 아니라 자발적인 사랑으로 그들을 도우셨습니다. 또한 그런 도움을 대가로 어떤 것을 취하거나 추구하지 않고 오히려 그들에게 이러한 선을 향유하고 사용하도록 하셨습니다. 우리는 종종 그리스도인의 사랑은 하나님 찬양과 영광을 위해 모든 것을 자유로, 공짜로 행하는 것이라는 사실을 들었습니다. 그리스도인은 그리스도가 오직 선행을 목적으로 사신 것과 마찬가지로 그러한 사랑을 행하기 위해 이 땅에서 사는 존재입니다. 그리스도가 마태복음 20장 28절에서 "인자가 온 것은 섬김을 받으려 함이 아니라 도리어 섬기려 하고"라고 말씀하신 것처럼 살아야 합니다.

본문의 영적인 의미

오늘 말씀의 영적인 의미를 생각해 보고자 합니다. 그리스도는 이 이야기에서 그리스도인의 삶, 특별히 설교직을 보여주셨습니다. 배는 기독교를 의미합니다. 바다는 세상을, 바람은 마귀를 의미합니다. 제자들은 설교가와 경건한 그리스도인들을 가리킵니다. 그리스도는 진리, 복음, 믿음입니다.

파도가 쳤다는 것의 영적 의미

그리스도가 제자들과 함께 배에 타시기 전에 바다와 바람은 잔잔했습니다. 그러나 그리스도가 제자들과 함께 배에 타셨을 때, 폭풍우가 치기 시작했습니다. 이것은 그리스도가 마태복음 10장 34절에서 "내가 세상에 화평을 주러 온 줄로 생각하지 말라 화평이 아니요 검을 주러 왔노라"라고 말씀하신 것과 같습니다. 그리스도가 세상을 평화롭게 하시고 세상의 행위를 처벌하지 않으셨다면, 세상은 평온했을 것입니다. 그러나 그리스도가 지혜로운 자는 미련하고 거룩한 자는 죄인이며 부자는 타락하였다고 설교하신 이후로, 이들은 미쳐 거칠게 날뛰게 됩니다. 오늘날 단지 복음만을 설교하고 종교적인 임무는 옛 방식으로 머물게 하면 좋겠다고 생각한 궤변가들이 그런 자들입니다. 그들은 종교적 임무를 교묘하게 유지하고자 합니다. 그러나 그러한 모든 행동은 처벌되어야 하고 어떤 것도 유효해서는 안 됩니다. 그들은 불화와 소요를 설교하는 것은 결코 기독교의 가르침이 아니라고 말합니다.

오늘 말씀은 무엇이라고 말합니까? 그리스도와 제자들이 배 안에 있을 때, 바다에 커다란 폭풍우가 일게 되었습니다. 바다와 바람이 다른 배들은 평안하게 가도록 하였습니다. 하지만 그리스도가 타고 계셨던 배에는 고난이 닥칠 수밖에 없습니다. 세상은 그리스도를 설교하는 것을 제외한 모든 설교는 참을 수 있습니다. 그러나 그리스도가 오시는 곳마다, 그가 계신 곳마다, 그는 자신만이 홀로 참되다고 하시며 다른 모든 것은 벌하는 설교를 하십니다.

나와 함께 아니하는 자는 나를 반대하는 자요. 마 12:30

그 성령가 와서 죄에 대하여, 의에 대하여, 심판에 대하여 세상을 책망하시리라. 요 16:8

그리스도는 단지 설교만 하시는 것이 아니라, 온 세상을 처벌하시고 세상 안에 있는 것이 무엇인지 말씀하십니다. 그 처벌이 이 배에 폭풍우와 위험을 일으키는 것입니다. 만일 그가 세상을 처벌하지 않으시고 그들의 행동을 과거와 똑같이 머물도록 설교하셔야 했다면, 그는 조용히 침묵하고 세상 밖에 계셔야 했습니다. 세상이 선하고 처벌될 필요가 없다면, 그가 세상에 오는 것은 필요하지 않았을 것이기 때문입니다.

참된 설교의 특징

그리스도인의 위로이자 특별히 설교가의 위로가 되는 것은, 그리스도를 설교하는 곳에서는 박해를 견디어야 하며 그 외에 다른 것은 있을 수 없다는 사실을 확신해야 한다는 것입니다. 설교가 참으로 기독교적이라는 바른 표시는, 설교가 특히 위대하고 거룩하고 많이 배우고 영리한 사람들로부터 박해를 받는다는 사실에 있습니다. 반면, 설교가 칭찬받고 존경받는 것은 그리스도가 누가복음에서 말씀하시는 것처럼 바른 설교가 아니라는 증거입니다.

인자로 말미암아 사람들이 너희를 미워하며 멀리하고 욕하고 너희 이름을 악하다 하여 버릴 때에는 너희에게 복이 있도다. 그 날에 기뻐하고 뛰놀라 하늘에서 너희 상이 큼이라. 그들의 조상들이 선지자들에게 이와 같이 하였느니라. 그러나 화 있을진저 너희 부요한 자여, 너희는 너희의 위로를 이미 받았도다. 화 있을진저 너희 지금 배부른 자여, 너희는 주리리로다. 화 있을진저 너희 지금 웃는 자여, 너희가 애통하며 울리로다. 모든 사람이 너희를 칭찬하면 화가 있도다. 그들의 조상들이 거짓 선지자들에게 이처럼 하였느니라.눅 6:22-26

설교가그리스도인들이 위로와 도움을 구해야 하는 모범이 바로 여기에 있습니다. 그것을 세상에서 구해서는 안 됩니다. 설교가들은 사람의 지혜와 능력을 보호해서는 안 되고, 그리스도 자신, 오직 그리스도만을 지켜야 합니다. 우리는 모든 곤경 가운데 (여기 제자들이 하는 것처럼) 모든 신의와 신뢰를 가지고 그리스도에게 매달리고 그리스도를 의지해야 합니다. 그리스도가 자신들을 도우시리라는 것을 믿지 못했다면, 제자들은 그리스도를 깨우고 부르지 않았을 것입니다. 하지만 그들의 믿음은 약하고 불신앙이 컸습니다. 그들은 그리스도에게 온전히, 자발적으로 굴복하지 않았고, 그와 함께 그의 삶을 걸지 않았으며, 그리스도가 자신들을 바다에서 구해 주시고 죽음에서 구원하실 수 있다고 믿지 않았습니다. 하나님만이 말씀의 스승이시고 재판관이시며 보호자이십니다. 말씀은 그의 말씀입니다. 하나님이 말씀을 어떤 인간의 공로나 조언 없이 진행 시키시는 것처럼, 또한 인간의 도움이나 능력 없이 자신의 말씀을 스스로 조정하시고 변호하고자 하십니다. 그러므로 인간에게서 보호와 위로를 구하는 자는 넘어지고 실패하게 되며, 하나님과 인간에게 버림받게 됩니다.

주무시는 그리스도의 영적 의미

그리스도가 주무시고 계신다는 사실은 제자들의 마음이 어떠한지를 보여줍니다. 그들은 약하고 힘없는 믿음을 가지고 있었습니다. 그리스도는 박해의 시간에도 물러나 마치 주무시고 계신 것처럼 행동하십니다. 그리스도는 힘이나 능력, 평안이나 휴식을 주시지 않고, 오히려 우리로 약함 가운데서 일하게 하시고 우리로 염려하게 하십니다. 이는 우리가 아무것도 아닌 존재이고, 바울이 말하는 것처럼 모든 것이 그의 은혜와 능력에 달려 있음을 경험하도록 하기 위한 것입니다.

> 우리는 우리 자신이 사형 선고를 받은 줄 알았으니 이는 우리로 자기를 의지하지 말고 오직 죽은 자를 다시 살리시는 하나님만 의지하게 하심이라. 고후 1:9

하나님이 주무시는 것처럼 보이는 상황을 다윗도 종종 경험하였고 여러 곳에서 언급합니다.

주여 깨소서 어찌하여 주무시나이까 일어나시고 우리를 영원히
버리지 마소서.시 44:23

말씀의 요약

오늘 복음서 말씀의 요약은 다음과 같습니다. 이 복음서는 우리를
위로하고 담대하게 하는 두 가지 가르침을 줍니다. 하나님 말씀 때문
에 박해가 일어나게 될 때, 우리는 다음과 같이 말할 수 있게 됩니다.

나는 그리스도가 배 안에 계시다고 생각했다. 그래서 바다와 바
람이 격노하고, 폭풍우가 우리에게 덮치고 우리를 가라앉히려
고 한다. 그러나 그것들로 격노하게 하라. 바람과 바다는 그의 뜻
에 순종하도록 정해져 있다. 박해는 자신이 원하는 것보다 더 오
래가지 않을 것이다. 그것들이 우리를 압도한다고 할지라도, 그
것들은 그리스도에게 굴복할 수밖에 없다. 그는 모든 것의 주인
이시기 때문이다. 그러므로 어떤 것도 우리를 해할 수 없다. 그가
우리를 도우심으로 우리가 불신앙으로 절망하지 않도록 하소서.
아멘.

바람과 바다가 그에게 굴복한 일로 사람들이 놀라고 주님을 찬양
했다는 사실은, 박해를 통하여 복음과 하나님 말씀이 더욱 널리 전파
되고 강해지며 믿음이 커진다는 의미입니다. 이러한 것은 불행과 재

난을 통해 줄어들고 행운과 평화를 통해 증가하는 세상적인 것들과는 다릅니다. 그리스도의 나라는 고난을 통하여 증가하고, 평화, 안락, 즐거움을 통하여 감소합니다. 바울이 고린도후서 12장 9절에서 "내 능력이 약한 데서 온전하여짐이라"라고 말하는 것과 같습니다. 하나님, 우리가 그러한 믿음에 도달하도록 도우소서.

　아멘.

8. 믿음의 성장

성경본문: 요한복음 4장 47-54절

"그가 예수께서 유대로부터 갈릴리로 오셨다는 것을 듣고 가서 청하되 내려오셔서 내 아들의 병을 고쳐 주소서 하니 그가 거의 죽게 되었음이라. 예수께서 이르시되 너희는 표적과 기사를 보지 못하면 도무지 믿지 아니하리라. 신하가 이르되 주여 내 아이가 죽기 전에 내려오소서. 예수께서 이르시되 가라 네 아들이 살아 있다 하시니 그 사람이 예수께서 하신 말씀을 믿고 가더니 내려가는 길에서 그 종들이 오다가 만나서 아이가 살아 있다 하거늘 그 낫기 시작한 때를 물은즉 어제 일곱 시에 열기가 떨어졌나이다 하는지라. 그의 아버지가 예수께서 네 아들이 살아 있다 말씀하신 그 때인 줄 알고 자기와 그 온 집안이 다 믿으니라. 이것은 예수께서 유대에서 갈릴리로 오신 후에 행하신 두 번째 표적이니라."

믿음의 모범

이 복음서는 믿음의 특별한 모범을 제시합니다. 사도 요한은 세 번이나 이것을 보여주는데, 왕의 신하가 믿었다는 사실, 누군가 감동되어 어떤 믿음을 가져야 하는지 묻고자 한다는 사실, 복음서 기자가 그것에 관하여 많은 말을 하고 있다는 사실입니다. 우리는 믿음과 복음을 바르게 이해하도록 이것에 관하여 많이 가르쳤습니다. 그렇지만 그 내용이 계속하여 나오기 때문에 반복하여 그것에 관하여 다루어야 합니다.

첫째로, 제가 자주 말씀드린 것처럼 믿음은 복음을 통하여 각 사람에게 주 그리스도와 그의 소유물을 가져다줍니다. 그래서 그리스도인은 다른 그리스도인과 똑같이 소유하고, 세례받은 아이는 사도 베드로와 하늘에 있는 모든 성자와 동일하게 소유하게 됩니다. 우리는 모두 믿음에서 동일하며, 한 사람은 다른 사람과 동일하게 보물을 전부 소유하고 있습니다.

믿음의 성장

복음서는 믿음의 성장에 관해서도 말하고 있습니다. 이 부분에서는 모두가 동일하지 않습니다. 믿음으로 주 그리스도와 그의 모든 소유물을 온전히 갖게 되었을지라도, 믿음은 또한 그리스도를 신뢰하고 보물을 확고하게 붙드는 것을 추구하고 연습해야 합니다. 여기서 두 믿음 사이에는 차이가 있습니다. 그리스도와 그의 보물을 가지고 있는 자와 그것을 붙잡고 있는 자, 이것은 강한 믿음과 연약한 믿음으로 이해할 수 있습니다. 그러한 귀중한 보물은 붙잡아 보존하여 쉽게 잃어버리거나 빼앗기지 않도록 해야 합니다. 그 보물을 꽃잎 같은 약한 것으로 붙잡고 있어도 그것을 소유하고 있는 것이지만, 철제 금고에 보관하는 것처럼 유지하고 보존하고 있는 것은 아닙니다.

그러므로 우리는 이 땅 위에서 살되, 우리가 바라는 것이 지금 가지고 있는 것보다 더 낫다고 생각하는 것이 아니라, 우리가 그것을 어떻게 확신하고 날마다 더 굳게 붙잡을 것인지 숙고해야 합니다. 우리는 믿음 외에는 다른 것을 추구할 필요가 없습니다. 그렇지만 우리는 믿음이 어떻게 증가하고 강해지는지 주목해야 합니다. 우리는 복음서에서 다음과 같은 사실을 읽을 수 있습니다. 그리스도의 제자들은 의심 없이 믿었을지라도(믿지 않았다면 그들은 주님을 뒤따르지 않았을 것입니다), 그리스도는 때때로 그들의 약한 믿음을 꾸짖으셨습니다. 제자들은 믿음을 갖고 있었으나, 형편이 여의치 않게 되면 믿음을 포기하고 그것을 굳게 붙들지 않았습니다. 이러한 내용은 무익한 허풍선이들이 우리에게 가르치는 것과 같지 않습니다. 이들은 우리를 게으르고 경솔하게 만들며 한 방울의 사랑과 은혜라도 가진 자는 구원받을 것이라고 말합니다. 그러나 성서의 가르침에 따르면, 우리는 자라야 하고 성장해야 합니다. 당신이 보물을 보잘것없는 천 조각에 갖고 있을지라도, 믿음을 통하여 그리스도를 갖고 있다는 사실은 참됩니다. 당신은 그것을 꼭 붙잡고 뺏기지 않도록 주의해야 합니다.

바로, 왕의 신하가 그렇게 행했습니다. 그가 누구든 간에(저는 그가 헤롯 왕의 신하였을 것이라고 생각합니다) 믿음 안에 있는 한, 예수님을 자신의 집으로 모신다면 예수님이 그의 아들을 분명 도우시리라고 그는 믿었습니다. 그는 하나님의 말씀이나 그리스도에 관한 복음, 즉 그리스도는 자신에게 데려오는 사람을 기꺼이 도우시며 결코 어떤 도움도 거절하지 않으신다는 사실을 들어 알고 있었기 때문입니다. 이것복음을 그의 믿음이 붙잡았습니다. 믿음이 그를 그리스도에게 가도록 한 것입니다. 따라서 마음속으로 '그리스도가 도움을 주실 수 있는지 혹은 도우시고자 할지 누가 알겠는가'라고 생각했다면, 그는 그에게 가지 않았을 것입니다. 그러므로 그는 이전에 그리스도에 대해 그러한 생각을 하고 있었고 그가 자신을 도우실 것을 확실하게 믿고 있었습니다.

믿음의 본질이자 특징은, 믿음은 그리스도의 자비하심을 마음에 받아들이고 본받는다는 사실입니다. 그래서 히브리 기자는 다음과 같이 말합니다.

믿음은 바라는 것들의 실상소망하는 것에 대한 신뢰이다. 히 11:1

믿음은 좋은 것에 대한 신뢰입니다. 왕의 신하는, 믿음 가운데 머무르다 죽는다면 틀림없이 구원받을 것이라는 믿음이 있었고, 주님도 이러한 사실에 흡족해하십니다. 그럼에도 불구하고 주님은 그의 믿음의 부족함을 지적하시고 그를 벌하시며 "너희는 이적을 보지 않으면 믿지 못하리라"라고 말씀하십니다. 또한 전에 말씀드린 것처럼, 천둥 번개가 쳤을 때 주님은 배에 있는 제자들을 꾸짖으시며 "너희 믿음이 어디에 있느냐?" 마 8:26라고 말씀하셨습니다.

믿음의 성장의 필요성

믿음이 아무리 좋고 바르다고 할지라도 믿음을 잘 연습하거나 그것이 자라지 않을 경우, 상황이 여의치 않게 되면 믿음은 넘어지게 됩니다. 그러므로 당신은 믿기 시작하는 것으로 충분하다고 생각해서는 안 됩니다. 오히려 믿음이 확고하게 머물도록 열심을 내야 합니다. 그렇지 않으면 믿음은 파산합니다. 당신은 붙잡고 있는 보물을 어떻게 유지할 수 있는지 알아야 합니다. 성숙한 믿음믿음의 증가은 처음의 믿음믿음의 시작만큼 강하며 심지어 더 강하기도 합니다. 하지만 믿음의 시작과 증가는 모두 하나님의 일입니다. 어린 젖먹이의 믿음은 아직 달콤하고 보잘것없지만 죽음의 상태에 도달하고 믿음의 시련을 받게 되면, 하나님은 그 믿음을 강하게 하실 것이 틀림없습니다.

그러므로 왕의 신하에게 그가 처음에 가졌던 믿음으로는 도움이 되지 못했을 것입니다. 그리스도가 오시지 않았거나 그를 강하게 하지 않으셨다면 그는 파멸했음이 틀림없습니다. 그리스도는 그를 어떻게 강하게 하셨습니까? 왕의 신하는 그리스도가 자신의 집에 오시면 아들을 도우실 수 있다고 믿었습니다. 여기에서 그리스도는 그에게 불쾌하고 가혹한 대답으로 충격을 주십니다.

> 너희가 이적을 보지 않으면 믿지 아니하리라. 요 4:48

이 말씀으로 그리스도는 그가 견딜 수 없는 충격을 믿음에 더하십니다. 이 가련한 사람은 두려워하게 되고, 믿음은 이미 가라앉고 꺼지기 시작합니다. 그래서 그는 말합니다.

> 아, 당신은 신속하게 가셔야 합니다. 제 아들이 곧 죽을 것입니다.

그때 그리스도는 그에게 더 강한 믿음을 주십니다.

믿음이 강하게 되는 길

하나님은 믿음을 굳세게 하고자 하는 모든 이들과 같이 행하십니다. 하나님은 믿음을 지금과는 다르고 더 높은 수준이나 상태가 되게 하십니다. 그리하여 믿음은 강하게 되고 우리는 이전과는 다른 방식으로 믿게 됩니다. 따라서 그리스도는 말씀하십니다.

가라, 네 아들이 살아났다. 요 4:50

만일 그리스도가 그 전에 그에게 아들이 살아나리라고 말씀하셨다면, 그는 그것을 믿을 수 없었을 것입니다. 그러나 이제 그는 믿습니다. 말씀이 그의 마음에 들어가 그 안에서 더 큰 믿음을 만들어내고 그는 바른 사람이 된 것입니다. 주님은 그에게 큰 충격으로 더 큰 강함을 주신 것입니다.

이제 그는 자신이 보지 못하는 것에 매달려야 합니다. 그는 그리스도가 자기 아들을 직접 보시지 않고 함께 있지 않아도 고치실 수 있음을 그 이전에는 믿지 못했습니다. 이야말로 바르고 강력한 믿음입니다. 그러한 마음^{마음}의 믿음은, 보지 못하고 이해하지 못하는 것을 모든 감각과 이성에 거슬러 믿을 수 있으며 오직 말씀에만 매달립니다. 어떤 것도 보이지 않으며, 그는 자신이 믿는 것 외에는 다른 어떤 도움도 갖고 있지 않습니다. 이러한 믿음으로 우리는 오직 하나님의 말씀을 제외한 다른 모든 것은 고려하지 않고 행해야 합니다. 하나님의 말씀과 다른 무엇인가를 눈에 떠올리는 자는 이미 타락한 자입니다. 믿음은 오직 하나님의 말씀에 순전하고 정직하게 매달리고 눈을 그 것으로부터 돌리지 않으며, 자기 행위나 공로 같은 것은 보지 않습니다. 마음이 그렇게 순전하게 서 있지 않으면 이미 타락한 것입니다.

예를 통해 살펴보겠습니다. 만일 사제, 수도사 혹은 수녀가 순결을 지키거나 많은 미사를 행하거나 자주 금식하고 기도하며 그와 같은 행위들에 의지한다면, 또한 하나님의 말씀보다는 자신의 선한 행위를 눈앞에 두고, 이에 근거하여 하나님은 자신의 소원을 들으실 수밖에 없다고 생각한다면, 그는 이미 타락한 것입니다. 이러한 모습을 눈앞에 두고 있는 한, 믿음은 거기에 머무를 수 없습니다. 누군가 죽음이 임박하여 죽음 앞에서 자신이 어느 쪽으로 나아가야 하고 첫걸음을 어디에 내디뎌야 하는지 생각하는 순간, 마귀는 그의 눈앞에 와서 죽음이 얼마나 소름 끼치고 무서운지 알게 할 것입니다. 또한 그 사람은 지옥과 하나님의 심판을 보게 됩니다. 그러면 마귀가 이미 승리한 것입니다. 마귀가 눈앞에서 그러한 상황을 보고 있는 한, 거기에는 어떤 도움도 있을 수 없기 때문입니다. 만일 그가 영리하여 다른 어떤 모습도 마음에 그리지 않고 오직 하나님의 말씀에만 매달린다면, 그는 살 것입니다. 왜냐하면 말씀은 살아 있기 때문입니다. 그러므로 말씀에 의지하는 자는 살게되고 말씀이 영원히 머무는 곳에 머무르게 됩니다.

그러나 이것은 행하기 매우 어렵습니다. 당신은 복음서의 사도들과 마찬가지로 이 사람이 얼마나 힘들어하는지 보게 됩니다. 사도들이 타고 간 배가 바닷물 속으로 빠지려고 하고 파도가 배에 부딪쳤을 때, 그들은 눈앞에서 죽음을 목격했습니다. 그때 그들은 말씀을 포기했습니다. 만일 그들이 확고하게 믿고 "우리는 하나님 말씀을 가지고 있고 그리스도가 함께하신다. 그리스도가 계신 곳에 우리 또한 머문다"라고 말했다면, 그들은 어떤 고난도 겪지 않았을 것입니다. 그러나 그들은 그러한 믿음이 없었고, 그리스도가 돕지 않으셨다면 그들은 넘어지고 타락했을 것입니다. 그것은 베드로가 바다 위를 걸어서 그리스도에게 갔을 때도 마찬가지입니다.^{마 14:22 이하} 그가 말씀에 매달려 있는 한, 바닷물은 그를 지탱하였습니다. 그러나 그가 그리스도로부터 시선을 돌리며 말씀을 포기했을 때 파도가 소용돌이치는 것을 보았습니다. 그때 그는 놀라 빠지기 시작했던 것입니다.

믿음은 오직 말씀에만 매달리는 것이다

그러므로 모든 것을 내려놓고 오직 말씀에만 매달려야 합니다. 만일 우리가 말씀을 붙잡고 있다면, 세상, 죽음, 죄, 지옥, 모든 불행이 미쳐 날뛰어도 문제가 되지 않습니다. 그러나 당신이 말씀을 포기한다면, 당신은 타락할 수밖에 없습니다. 이러한 일은 세상적인 생계수단을 의지하는 사람에게서 발견됩니다. 만일 생계수단이 충분하고 집과 정원이 부(富)로 가득하다면, 하나님을 잘 신뢰하고 있고 은혜로운 하나님을 모시고 있다고 말할 것입니다. 그러나 아무것도 가지고 있지 않은 자들은 하나님을 의심하기 시작할 것입니다. 그렇다면 상황은 다 틀린 것입니다. 왜냐하면 그들은 저축해 놓은 것이 없고 무엇을 먹고살아야 할지 걱정하는 모습을 눈앞에 그리고 있기 때문입니다. 그러면 근심이 믿음을 몰아냅니다. 그들이 하나님 말씀을 붙잡고 다음과 같이 생각했으면 좋았을 것입니다.

> 나의 하나님은 살아계신다. 그가 나를 먹여 살리실 것이라고 약속하셨다. 나는 가서 일하고자 한다. '먼저 하나님의 나라를 구하라, 그러면 이 모든 것이 너희에게 이루어지리라'마 6:33라고 말씀하신 것처럼 그리스도가 행하실 것이다. 만일 내가 이 말씀을 마음에 간직하고 문제로부터 눈을 돌린다면, 어떤 어려움도 없을 것이다.

당신이 가난을 눈앞에 두는 한, 당신은 믿을 수 없습니다.

이 신하는 문제가 아니라 하나님 약속의 말씀을 눈앞에 그렸습니다. 사실 그는 다음과 같이 생각할 수도 있었습니다.

> 그가 나의 기도를 듣지 않으실 것이다. 그는 내게 신랄한 대답을 하시고 나와 함께 하시지 않고 악하게도 나를 물리치실 것이다.

이것을 눈여겨보았다면 그는 넘어졌을 것입니다. 그러나 그가 그것으로부터 눈을 돌렸을 때, 그리스도는 그에게 선한 위로를 주시며 "가라, 네 아들이 살았다"라고 말씀하셨습니다.

믿음의 본질

이것이 믿음의 본질이고 기술입니다. 하나님은 우리를 강하게 하시고자 할 때 그렇게 행하십니다. 바울도 다음과 같이 해석합니다.

> 우리가 다 수건을 벗은 얼굴로 거울을 보는 것 같이 주의 영광을 보매 그와 같은 형상으로 변화하여 영광에서 영광에 이르니 곧 주의 영으로 말미암음이니라. 고후 3:18

바울에게서 주의 영광명료함은 하나님에 대한 인식입니다. 모세도 영광을 가지고 있는데, 그것은 율법에 대한 깨달음이고 이성입니다. 제가 율법을 인식하고 있다면, 저는 율법의 명료한 모습을 보고 밝은 빛을 보는 것입니다. 우리는 주 그리스도를 잘 깨달아 인식하고 있습니다. 만일 우리가 주 그리스도를, 율법을 성취하도록 도우시고 그러한 능력을 주시는 존재로, 죄의 용서를 얻게 하는 존재로 깨닫는다면, 그의 영광명료함이 우리 안에 비칩니다. 다시 말해, 태양 빛이 물이나 거울에 비치는 것처럼, 그리스도도 우리에게 비치며 스스로 빛을 우리 마음에 주십니다. 이것으로 우리 모두가 그리스도와 하나가 됩니다. 이 일은 우리 자신의 힘으로 행하는 것이 아니라, 영이신 하나님이 하시는 것입니다. 따라서 성령이 우리 안에서 그렇게 명료하게 하시고 조명하시는 일을 시작하시고 그 후에라도 우리를 떠나신다면, 우리는 이전과 같아질 것입니다.

우리는 한 단계에 머무르지 않고 항상 성장하도록 준비해야 합니다. 그러므로 믿음이 자라고 강해지도록 십자가, 시련, 재난 등이 와야 합니다. 그리고 믿음의 확신명료함이 자라는 만큼 육신의 고행도 증가합니다. 믿음과 영이 강하면 강할수록 육신은 더욱 약해지고, 믿음이 작아질수록 육신은 더욱 강해지고 거의 멈추지 않게 될 것입니다. 우리는 다음과 같이 생각할 것입니다.

내 이웃을 항상 도와야 한다면, 그 이후 나는 어디에 머무르며, 나는 마지막에 어디로 가야 합니까?

만일 우리가 바른 믿음을 가지고 주 그리스도를 우리 안에 본받고 있다면, 우리는 충분하게 갖고 있지 않다고 의심하는 것이 아니라, 오히려 우리에게 부족함이 있으면 하나님이 조언하시리라고 생각할 것입니다. 만일 우리가 그러한 작은 충격에도 믿음을 잃게 된다면 커다란 충격에서는 무엇을 행할 수 있을까요? 보십시오, 그렇게 믿음은 날마다 성숙하고 성장해야 합니다. 그렇지 않으면 우리는 헛되이 시간을 보내게 되고, 오늘은 어제처럼 머물고 내일은 오늘처럼 머물게 될 것입니다. 이것은 그리스도인의 삶이 아닙니다. 왕의 신하는 다른 수준의 믿음을 가졌고, 이 때문에 요한은 그의 믿음이 성장하였다고 칭찬한 것입니다.

온전한 믿음

세 번째, 요한은 다음과 같이 말합니다. 왕의 신하가 집에 돌아가다가 하인들을 만나 아들이 살았다는 말을 들었습니다. 그는 주님이 자신에게 "네 아들이 살아 있다"라고 말씀하신 바로 그 순간에 아들이 나았음을 알았습니다. "그리고 그는 그의 온 가족과 함께 믿었다"라고 증언합니다. 여기서 복음서 기자는 다시 한번 그가 믿었다고 말합니다. 아니, 그가 전에는 믿지 않았습니까? 어떻게 그는 그리스도에게 온 것이었습니까?

이것이야말로 온전한 믿음입니다. 이 믿음은 징조에 의해 입증됩니다. 그래서 우리의 주 하나님은 우리를 다루시되, 우리를 완전하게 하시고 우리를 계속하여 보다 높은 상태로 이끄십니다. 만일 우리가 이것을 통과하게 되면, 우리는 경험하게 되고 여러 말씀에서 보는 것처럼 우리의 믿음을 확신하게 됩니다. 마치 왕의 신하가 여기에서 장애물들을 극복하며 확신을 가짐으로 믿음을 통하여 도움을 받았고 시간, 표지, 언어가 모두 믿음과 일치함을 목격하고 경험한 것처럼 말입니다.

도대체 그가 지금 믿은 것은 무엇입니까? 아들이 건강하게 된 것을 믿은 것이 아닙니다. 그 믿음은 이제 끝이 났고, 이미 이루어진 것이고, 지나간 것이기 때문입니다. 그는 아들이 살아 있음을 눈앞에서 보고 있습니다. 그러한 경험으로부터 다른 믿음이 생겨납니다. 바로 그리스도가 다른 고난 가운데서도 계속 도우실 것이라는 믿음입니다. 만일 그리스도가 그의 눈앞에 더욱 부정적인 모습들을 보여주실지라도, 그는 그리스도가 자신을 도우실 것이라는 사실을 믿을 것입니다. 주님이 그에게 "가서 죽으라"라고 말씀하신다면, 그는 다음과 같이 말할 것입니다.

제가 어디로 가야 할지, 거처가 어디인지 모를지라도, 제가 믿음이라는 것을 이미 경험했기 때문에 저는 다시금 말씀에 매달릴 것입니다. 이전에 제가 그것을 비록 보지 못하거나 이해하지 못했을지라도, 당신은 그때 저를 도우셨습니다. 당신은 지금도 다시 도우실 것입니다.

믿음은 시련 가운데서 훈련된다

그리스도가 그에게 "집과 정원과 네 모든 재산을 다 버리고 와서 나를 따르라"라고 말씀하셨다면, 그는 다음과 같이 생각했을까요?

나는 어떻게 먹고살아야 할까? 그 이후의 모습이 눈앞에 보인다.

저쪽에는 모든 것이 충분하고, 여기에는 아무것도 없다. 나는 그러한 것을 모두 버려야 하는가? 나는 어디로 가야 하는가?

아닙니다. 오히려 그는 다음과 같이 생각할 것입니다.

여기에 아무것도 없고 아무것도 보지 못할지라도 나는 말씀에 매달릴 것이다. 그는 도우실 것이다. 나는 그것을 과거에도 경험했다.

이러한 생각은 이성으로는 불가능하지만 믿음은 할 수 있습니다.

매일 새로운 시련들이 닥치고 믿음은 많은 시련 가운데서 연습 됩니다. 과거의 경험은 우리가 여기서 보는 것처럼 언제나 다시 오는 것은 아닙니다. 이 사람은 이미 그러한 믿음의 일을 사용하였습니다. 그 일은 이제 지나갔고 다시 오지 않을 것입니다. 그러나 그는 다른 것을 경험해야 합니다. 시련을 더 많이 경험하면 할수록 그는 더욱 성장합니다. 그가 장애물들을 더 많이 이겨낼수록 주 그리스도를 더 강하게 붙잡고 더욱 능숙하게 되어 그리스도가 그에게 부과하신 모든 것을 감당할 준비를 하게 됩니다.

과거 거룩한 족장들도 그렇게 믿음이 성장했습니다. 그것은 여전히 유효합니다. 제가 과거에 일어난 것을 지금 믿는 것은 아무 유익이 없습니다. 저의 믿음은 항상 미래의 것을 기다려야 합니다. 하나님이 아브라함을 고향으로부터 나오라고 하셨을 때, 그는 그렇게 행하고 믿었습니다. 그가 그 땅에 도착했을 때, 하나님은 아브라함에게 다시금 다른 땅으로 가라고 하셨고, 그 후에 다시 다른 땅으로 가라고 하셨습니다. 그렇게 하여 그의 믿음은 계속 성장하였습니다. 그후에 그는 확신을 갖게 되었고 하나님이 자신에게 어떻게 행하시는지 느끼고 경험하였습니다. 그래서 그는 완전한 사람이 되어 자기 아들조차 제물로 바치고자 하였던 것입니다.

　이러한 사실로부터 얻는 결론은 많은 것을 경험한 사람은 더욱 기꺼이 목숨을 건다는 사실입니다. 당신은 성장하는 믿음의 예가 어떻게 묘사되어 있는지 볼 수 있습니다. 이것으로 충분히 명료합니다. 그것을 마음에 담기 바랍니다. 누구나 자신만의 연습이 있습니다. 우리는 하나님이 우리를 도우시리라고 신뢰하는 믿음을 연습할 수 있습니다. 그러면 하나님이 어떻게 도우시는지 시험해 볼 수 있고, 계속 점점 더 믿을 수 있습니다. 이렇게 하나하나 경험하게 되면 우리는 주 하나님이 참되시다는 사실을 알고 이해할 수 있게 됩니다. 만일 우리가 하나님이 우리의 육신을 먹여 살리고 유지하신다고 신뢰한다면, 하나님이 우리의 영혼도 복되게 하신다는 사실을 믿을 수 있게 될 것입니다.

9. 그리스도가 닫힌 문을 통해 오실 때

성경본문: 요한복음 20장 19-23절

"이 날 곧 안식 후 첫날 저녁 때에 제자들이 유대인들을 두려워하여 모인 곳의 문들을 닫았더니 예수께서 오사 가운데 서서 이르시되 너희에게 평강이 있을지어다. 이 말씀을 하시고 손과 옆구리를 보이시니 제자들이 주를 보고 기뻐하더라. 예수께서 또 이르시되 너희에게 평강이 있을지어다. 아버지께서 나를 보내신 것 같이 나도 너희를 보내노라. 이 말씀을 하시고 그들을 향하사 숨을 내쉬며 이르시되 성령을 받으라. 너희가 누구의 죄든지 사하면 사하여질 것이요, 누구의 죄든지 그대로 두면 그대로 있으리라 하시니라."

믿음의 열매

오늘 말씀에는 믿음의 열매가 찬양되고 있으며 믿음의 본질과 유형이 나옵니다. 믿음의 열매에는 무엇보다도 평안과 기쁨, 두 가지가 있습니다. 바울은 갈라디아서 5장 22-23절에서 믿음의 열매들을 열거합니다. 평안과 기쁨 모두 여기에 나옵니다.

우선 그리스도는 제자들 가운데 서 계시고 제자들은 그곳에서 공포와 두려움 가운데 앉아 있습니다.19절 그들 마음은 전혀 만족스럽지 못하여 죽음의 순간을 기다릴 뿐이었습니다. 이들에게 그리스도는 오셔서 이들을 위로하시고 "평안하라!"라고 말씀하십니다. 이것이 열매입니다.

두 번째, 이러한 달콤한 말씀으로부터 다른 열매가 뒤따라 옵니다.20절 즉 그들은 주님을 보고 기뻐했습니다. 그런 후에 그리스도는 "아버지께서 나를 보내신 것 같이 나도 너희를 보내노라,"21절 그리고 계속해서 "성령을 받으라 너희가 누구의 죄든지 사하면 사하여질 것이요 누구의 죄든지 그대로 두면 그대로 있으리라"라고 말씀하십니다.22-23절 이것은 하늘에 있는 것과 땅 위에 있는 모든 것에 관한 능력과 권능을 믿음에 주시며 믿음을 참으로 존귀하게 여기신다는 말씀입니다. 지금부터 이것을 하나하나 살펴보고자 합니다.

바른 믿음의 모습

종종 말씀드린 것처럼 믿음의 바른 모습은 각자가 주 예수 그리스도의 부활을 자신의 것으로 삼는 것입니다. 이에 관해서는 부활절 절기에 충분히 설교했습니다. 그리스도가 죽은 자들 가운데 부활하셨다는 사실만을 믿는 것으로는 충분하지 않습니다. 이것으로부터는 어떤 평안이나 기쁨도, 능력이나 힘도 뒤따라 오지 않기 때문입니다.

그러므로 당신은 그리스도가 우리를 위해, 우리에게 도움이 되도록 부활하셨다는 사실을 믿어야 합니다. 즉 그리스도가 하나님의 영광에 이르신 것은 자신을 위해서가 아니라 그리스도를 믿는 모든 자와 당신을 돕기 위해서라는 사실과, 그의 부활을 통하여 죄와 죽음과 지옥이 정복되었다는 사실을 믿어야 합니다.

'서 계시다'는 의미 – 설교의 직무

이것이 바로 그리스도가 닫힌 문을 통하여 들어오셔서 제자들 가운데 서 계신다는 말씀의 의미입니다. '서 계시다'는 것은 그리스도가 우리의 마음에 서 계시다는 말입니다. 그리스도는 제자들 가운데서 계시고 그 제자들은 그리스도를 모시고 계신 것처럼, 우리 안에 계심으로 우리에게도 동일하게 역사하십니다. 그리스도가 이제 우리의 마음 안에 계시면, 우리는 즉시로 그가 양심에 말씀하시는 사랑스러운 음성을 듣게 됩니다.

> 너는 평안하라, 걱정하지 마라, 네 죄가 사해졌고 너로부터 거두어졌고, 너에게 더 이상 해를 주지 못할 것이다.

주님이 마음에서 행하시는 발걸음을 동일하게 닫힌 문을 통하여 행하셨고, 나무와 돌을 통과해 지나가셨으나 모든 것을 그대로 있게 하시고 아무것도 깨뜨리지 않으셨지만 그들에게로 들어오셨습니다. 이것을 통해 우리는 주님이 우리 안에 서 계시기 위해 우리 마음에 들어오시는 방법을 알게 됩니다. 그것은 바로 설교를 통해서입니다.

누구도 설교직무를 소홀히 여겨서는 안 됩니다. 하나님은 자신의 말씀을, 죽을 수밖에 없는 인간들에게 설교하도록 명령하셨고 말씀을 인간들의 입에 맡기셨습니다. 이것은 하나님이 구술로 말씀하시고자 하는 곳에서 하늘로부터의 특별한 설교를 기대하는 오류에 빠지지 않도록 하기 위함입니다. 그러므로 주님은 믿음을 주시고자 할 때 사람의 설교와 외적인, 육적인 말씀의 도구를 사용하십니다. 주님이 말씀을 통해 마음에 들어오시며 아무것도 부수거나 움직이지 않으신다는 것은 바로 닫힌 문을 통해 오신 것을 의미합니다. 왜냐하면 하나님의 말씀이 오면 그것은 모든 문과 창문을 부수는 거짓 교사들과 달리 양심에 해를 입히지도, 마음의 이해력과 외적인 생각을 혼란케 하지도 않기 때문입니다. 거짓 교사들은 도둑처럼 파괴하고 어떤 것도 전적으로 확고하게 머무르지 않게 하여, 삶 전체, 양심, 이해력, 생각이 그르게 되고 거짓이 되고 상처를 입도록 합니다. 그리스도는 이러한 일을 행하지 않으십니다. 이것이 곧 하나님 말씀의 능력입니다.

우리는 지금 설교와 믿음 두 가지를 갖고 있습니다. 주님이 우리에게 오시는 것은 설교입니다. 그러나 주님이 우리 마음에 계시는 것은 믿음을 통해서입니다. 주님이 우리의 눈과 귀 앞에 서 계시는 것으로 충분하지 않고 오히려 우리의 마음에 계셔야 합니다. 믿음의 열매는 평화입니다. 그것은 외적으로 갖는 평화뿐만 아니라 바울이 빌립보인에게 말한 평화이기도 합니다.[빌 4:7] 그것은 이성, 생각, 이해력을 모두 뛰어넘는 평안이며, 평안이 있는 곳에서는 어떤 것도 이성에 따라 판단되어서도, 판단될 수도 없다고 말합니다. 이 내용을 계속하여 복음서에서 보고자 합니다.

믿음의 열매인 평안

첫째로, 제자들은 유대인들이 두려워[19절] 문이 닫힌 곳에 앉아 있고 죽음을 목전에 두고 있어 밖으로 나올 수 없었습니다. 누구도 그들에게 어떤 일도 행하지 않았기에 그들은 겉으로는 평안해 보였습니다. 하지만 내적으로 그들의 마음은 평안도 안식도 없이 허우적거리고 있었습니다. 이때 주님이 두려움과 공포 가운데 오셔서 그들의 마음을 달래며 즐겁게 하신 것은, 위협적인 요소를 제거하심으로 하신 것이 아니며, 오히려 두려움이 달아나도록 하여 그들의 마음이 외적인 이유로 더 이상 두려워하지 않도록 하신 것입니다. 이것으로 유대인들의 악이 없어지거나 변한 것이 아니었습니다. 모든 것은 외적으로 그대로였으며, 그들은 이전처럼 성나 있고 미쳐 날뛰고 있었습니다. 그러나 제자들은 내적으로 변화하고 담력과 용기를 갖게 되어 결국 이렇게 말합니다.

우리가 주님을 보았다.25절

그렇게 주님은 그들의 마음을 평안하게 하였고 그들은 위로를 받고 대담하게 됩니다. 그러므로 그들은 유대인들이 아직도 소동을 일으키고 있는지 더 이상 묻지 않습니다. 이것이 마음을 만족하게 하고 평안하게 하는 바른 평안입니다. 이 평안은 외적으로 불안이 눈앞에 보이는 불행 가운데에서도 이루어집니다.

세상의 평안과 영적인 평안

세상의 평안과 영적인 평안은 다릅니다. 세상의 평안은 불안하게 하는 외적인 악의 요소들이 제거되는 것에 있습니다. 만일 적이 도시 앞에 있다면 거기에는 불안이 있습니다. 그러나 적이 떠나면 다시 평안이 옵니다. 가난과 질병도 그와 같습니다. 이것들이 당신을 억누르면 당신은 만족하지 못하나, 이것이 떠나가고 당신이 불행에서 자유하게 되면 다시금 외적으로 평안과 안식이 있습니다. 그러나 이러한 외적인 것을 겪는 자는 바뀌지 않습니다. 그러한 것이 있을 때나 없을 때나 똑같이 낙담합니다. 다만 외적인 불안요소가 있으면 그것을 느끼며 더욱 근심하게 될 뿐입니다.

하지만 그리스도인의 평안 혹은 영적인 평안은 불안을 바꿉니다. 외적으로 대적, 질병, 가난, 죄, 사탄, 죽음과 같은 불행은 그대로 남아 있습니다. 이것들은 그리스도인과 함께하며 그 주변에 머물러 있습니다. 그럼에도 불구하고 내적으로는 마음에 평안과 강함과 위로가 있어 어떤 불행도 따지지 않습니다. 불행이 없을 때보다 불행이 있을 때 마음은 더욱 용감해지고 평안하게 됩니다. 그것은 이성과 모든 생각을 뛰어넘는 평안입니다.참조. 빌 4:7 왜냐하면 이성은 세상적인 혹은 외적인 평안 외에는 다른 어떤 평안도 이해할 수 없기 때문입니다. 이성은 악이 있는 곳에 평안이 있다는 사실을 완전히 이해할 수 없습니다. 이성은 어떻게 사람을 만족하게 하고 위로해야 하는지 알지 못합니다. 그러므로 이성은 악이 떠나가면 평안이 거기에 존재한다고 생각합니다.

믿음에서 오는 평안

그러나 성령이 오시면, 성령은 외적으로 불쾌한 일을 그대로 남아 있게 하나, 사람을 강하게 하고 약한 마음을 담대하게 하며 안절부절 못하는 존재를 대담한 존재로, 불안해하는 양심을 온화하고 조용한 양심으로 만드십니다. 그래서 그러한 사람은 온 세상이 겁먹는 일에 대해서도 담대하고 용감하게 됩니다. 어디에서 이러한 것이 오는 것입니까? 바로 그리스도에 대한 믿음으로부터입니다. 마음 중심에서 참으로 주님을 믿는 자는 진실로 다음과 같이 말할 것입니다.

> 나의 주 그리스도는 부활을 통하여 나의 곤경, 죄, 죽음과 모든 악을 극복하셨고, 내 곁에서 나와 함께 하여 나의 몸과 영혼 어떤 것도 부족하지 않게 하시며, 나는 모든 것을 충분히 가지고 있으며 어떤 불행도 나에게 해를 줄 수 없을 것입니다.

이것을 믿는다면, 죄 혹은 죽음이 아무리 괴롭힌다고 해도 낙담하고 약해지는 것은 불가능합니다. 왜냐하면 믿음이 항상 거기에 있고 다음과 같이 말하기 때문입니다.

> 죄들이 당신을 억압하고 죽음이 당신을 놀라게 하면, 눈을 들어 그리스도를 향하라. 그리스도는 당신을 위해 죽으시고 부활하시고 모든 불행을 극복하셨다. 그렇다면 무엇이 당신에게 해를 끼치겠는가? 무엇을 두려워 할 필요가 있겠는가?

또한 병이나 가난 같은 불행이 당신의 목에 놓여 있다면, 그것으로부터 시선을 돌리십시오. 그리고 이성에 의지하지 말고 그리스도에게로 향하고 그에게 매달리십시오. 그러면 당신은 강하게 되고 위로받게 될 것입니다. 그리스도를 바라보고 믿으면, 당신이 만날 수 있는 어떤 악도 당신에게 해를 가하지 못하고 당신을 낙담케 할 수 없을 것입니다. 그러므로 믿음이 있는 곳에 이러한 열매가 생기지 않거나 평안이 뒤따라 오지 않는 것은 불가능합니다.

평안으로부터 기쁨이 온다

복음서에 나와 있는 것처럼 평안으로부터 이제 다른 열매가 뒤따라 옵니다.20절 그리스도가 제자들에게 오셔서 "평안하라!"라고 말씀하시고 그들에게 손과 발을 보여주셨을 때, 그들은 주님을 보고 기뻐했습니다. 그들은 분명 기뻐할 수밖에 없었습니다. 왜냐하면 그들이 그리스도를 보았다는 것은 인간의 마음이 느낄 수 있는 최고의 즐거움이었기 때문입니다. 지금까지 사람들은 우리의 손을 보라우리의 행위를 신뢰하라고 하였기 때문에, 즐거움이 뒤따르지 않았습니다. 그러나 우리는 그리스도를 보기 때문에 기뻐하게 됩니다.

우리는 바른 그리스도인을 깨닫도록 하는 열매들을 갖고 있습니다. 세상이 온전히 불안을 느끼고 있는 곳에서 평안하지 않은 자, 그리고 세상이 비통해하고 슬퍼하는 것에서 즐거워하지 않는 자는 아직 그리스도인이 아니며 아직 믿고 있지 않은 것입니다.

그리스도의 부활은 우리에게 기쁨을 주신다

부활절 절기에 주님의 부활에 관한 찬송 가운데 누구도 이해하지 못하는 내용을 찬양하는 것이 있습니다. 이것을 이해하는 사람은 바른 이해력을 가진 사람입니다. 주님이 "그리스도는 부활하셨다"라고 말씀하신 것은, 부활 사건만으로도 충분한 것처럼 주님이 부활하신 상태에만 머무른 것이 아니라, 우리에게 그것을 넘겨주시고 "우리가 모두 즐거워하도록" 하시기 위함입니다. 만일 우리가 그러한 것을 가지지 않았고 그것이 우리의 것이 아니라면, 우리가 어떻게 그리스도의 부활을 기뻐할 수 있을까요?

그러므로 제가 그리스도의 부활을 즐거워하려면, 그 부활이 저의 것이어야 합니다. 저는 그의 부활을 저 자신의 것으로 받아들여 그것이 저에게 유익이 되도록 해야 합니다. 마지막으로 그리스도가 "그리스도인이 우리의 위로가 되도록 해야 한다"라고 결정하심으로, 우리는 그리스도 외에는 다른 위로를 가질 수 없으며 가져서도 안 됩니다. 그리스도는 스스로 우리가 모든 불행 가운데서 매달려야 할 유일한 대상이 되고자 하십니다. 왜냐하면 그는 우리에게 유익이 되도록 모든 것을 정복하셨고, 모든 놀란 양심과 슬퍼하는 마음을 부활을 통하여 위로하시기 때문입니다. 우리는 이것을 믿음과 그 열매에 관한 복음 안에 갖고 있습니다.

믿음과 사랑, 받음과 나눠줌

이제 설교직무가 나옵니다. 믿음의 능력은 사랑에까지 **뻗쳐야** 합니다. 왜냐하면 제가 주님을 갖고 있기에 그는 저의 것이며, 그가 주신 모든 위로와 평안과 즐거움을 누리는 것으로 충분한 것이 아니라, 그가 행한 것처럼 저도 행해야 하기 때문입니다. 그래서 본문에 다음 말씀이 이어집니다.

> 아버지가 나를 보낸 것처럼 나도 너희를 보낸다.[21절]

믿는 그리스도인이 행해야만 하는 첫째 되고 으뜸 되는 것은, 다른 사람 역시 자신이 도달한 것처럼 믿음에 이르도록 하는 것입니다. 여기서 당신은 그리스도가 모든 그리스도인을 북돋우시고 외적인 말씀의 설교직무를 제정하시는 것을 보게 됩니다. 그리스도 자신이 이러한 직무와 외적인 말씀을 가지고 오셨기 때문입니다. 주님은 다음처럼 말씀하시고자 합니다.

> 너희는 이제 나로부터 평안과 즐거움, 그리고 너희가 가져야 할 모든 것을 충분히 갖고 있다. 너희는 너희 자신을 위해 더 이상 필요한 것이 없다. 그러므로 원(原)모습을 바라보라. 내가 행한 것

처럼 너희도 행하라. 내 아버지가 나를 세상에 보내셔서 너희를 도운 것은 나의 유익을 위해서가 아니라 오직 너희를 위해서이다. 나는 이러한 일을 성취하였고, 나는 너희를 위해 죽었고 너희에게 내 존재와 소유를 모두 주었다. 그러므로 너희는 이후로는 오직 각 사람을 섬기고 돕는 일만을 생각하고 행하도록 하라. 이 일 외에는 너희가 이 땅 위에서 해야 할 일은 아무것도 없다. 믿음을 통하여 너희는 모든 것을 충분히 가지고 있기 때문이다. 그러므로 내 아버지가 나를 보내신 것처럼 나도 너희를 세상에 보낸다.

각 그리스도인은 이웃 역시 그리스도에게 가도록 가르쳐야 합니다. 이와 더불어 이제 권세가 교황과 주교들에게만 주어진 것이 아니라, 모든 그리스도인도 공적으로 자기 믿음을 고백하고 다른 이들을 믿음으로 인도하라는 명령을 받았습니다.

다음으로, 당신이 최고의 일을 행하였고 다른 사람에게 진리의 바른 길을 가르쳤다면, 당신은 계속하여 각 사람을 섬기는 일을 숙고하십시오. 그러면 삶의 모범과 선행이 뒤따릅니다. 그러나 이것으로 당신이 공로를 얻거나 무엇인가를 얻을 수 있는 것은 아닙니다. 왜냐하면 당신은 그전에 이미 구원에 필요한 모든 것을 가지고 있기 때문입니다.

그리스도 전권의 말씀 설교

이제 그리스도는 그들에게 숨을 내쉬며 다음과 같이 명령하십니다.

> 성령을 받으라! 너희가 용서하는 자들의 죄는 용서되며, 너희가 죄를 그대로 두는 자들의 죄는 그대로 있게 된다. 요 20:22-23

이것이야말로 누구도 감히 생각할 수 없는 엄청난 권능입니다. 죽을 수밖에 없는 인간, 혈육을 가진 인간에게 죄, 죽음, 지옥, 모든 것에 대한 권능이 주어진 것입니다.

교황도 영적인 권리교회법에서 그리스도가 주신, 세상과 하늘의 모든 것에 관한 권능을 자랑합니다. 교황주의자들이 그것을 바르게 이해했더라면 좋았으련만! 그들은 그것을 육체세상의 정부와 관련시킵니다. 하지만 그리스도는 그것을 원하시는 것이 아니라, 영적인 권능과 영적인 정부를 주시며 다음과 같이 말씀하고자 하시는 것입니다.

> 너희가 죄인에 관한 말을 하면, 그것은 하늘에서 말한 것이 되어야 하고, 하늘에 계신 하나님이 스스로 말씀하신 것 같아야 한다. 왜냐하면 하나님은 너희의 입에 계시기 때문이다. 그러므로 그것은 나 자신이 말한 것과 같은 것이 된다.

그리스도는 죄와 지옥의 주인이십니다. 그가 말씀하신다면 그것은 사실입니다. 그가 당신에게 "네 죄가 없어지리라"라고 말씀한다면, 죄가 없어지는 것은 틀림없고 어떤 것도 거역할 수 없습니다. 반대로, 그가 "네 죄가 사해지지 않을 것이다"라고 말씀한다면, 죄는 용서되지 않은 채 남게 되어 당신도, 천사나 성자나 어떤 피조물도, 아무리 자신을 죽도록 괴롭힌다고 할지라도 죄를 용서받을 수 없을 것입니다. 권능은 각 그리스도인에게 주어져 있습니다. 그리스도가 우리 모두를 그의 능력과 권능에 참여하게 하셨습니다. 그리스도는 육적으로가 아니라 영적으로 지배하시고, 그리스도인들 역시 영적인 존재입니다. 그는 교황이 하는 것처럼 "너희는 도시, 땅, 교구나 왕국을 소유하고 지배해야 한다"라고 말씀하는 것이 아니라, "너희는 죄를 사하거나 그대로 두는 권능을 가져야 한다"라고 말씀하시기 때문입니다. 이러한 권능은 양심과 관련되기 때문에, 양심이 있는 곳에서는 죄와 세상과 악마, 그리고 어떤 피조물도 양심을 거역하거나 양심을 지배할 수 없다고 하나님 말씀에 근거하여 판단할 수 있습니다. 이것이 바른 권능입니다. 그렇다고 육신과 땅과 사람들을 세상 정부에 따라 외적으로 지배할 수 있는 권능이 주어진 것이 아닙니다. 오히려 전혀 비교할 수 없는 더 높고 고상한 권능이 많이 주어졌음을 깨닫기 바랍니다. 우리는 이제 그리스도를 통해 주어진 위대한 능력과 영광을 깨닫고 하나님께 감사해야 합니다. 이것에 대해 사도 바울 역시 이렇게 찬양했습니다.

찬송하리로다 하나님 곧 우리 주 예수 그리스도의 아버지께서
그리스도 안에서 하늘에 속한 모든 신령한 복을 우리에게 주시
되.엡 1:3

우리를 그리스도와 함께 살리셨고 또 함께 일으키사 그리스도
예수 안에서 함께 하늘에 앉히시니.엡 2:5-6

그리스도인 믿음의 능력

보십시오. 우리가 가진 위로가 얼마나 크고 엄청납니까! 하나님은
그리스도 안에서 행하신 동일한 능력을 우리 안에서도 행하시고 동
일한 권능을 우리에게 주십니다. 하나님이 그리스도를 모든 권능과
힘과 능력, 그리고 언급 가능한 모든 것 위에 뛰어난 하늘의 존재로
앉히신 것처럼, 우리도 동일한 권능에 앉히셨습니다. 그래서 믿는 자
들은 하늘과 땅에 대한 모든 권능을 갖고 있습니다. 우리는 이것을
그리스도가 주신 말씀 안에 갖고 있습니다. 그의 말씀은 강력합니다.
우리가 그 말씀을 전할 때, 마치 그리스도 자신이 땅에 내려와 존엄
과 영광 안에서 말씀하시는 것같이 말씀은 많은 것을 줍니다. 이러한
것은 우리가 그의 부활과 승천으로부터 가진 능력입니다. 여기에서
그는 우리에게 능력을 주사, 우리는 죽게도 하고 살게도 할 수 있고,
악마에게 주거나 빼앗을 수 있게 됩니다. 우리는 여기서 신중하게 행
하되 교황처럼 행하지 않도록 주의해야 합니다. 교황주의자들은 말

한 대로 이루어지도록 하는, 말의 내용과 방법에 관한 권능을 갖고 있다고 생각합니다. 그러나 아닙니다. 당신은 직접 권능을 가진 것이 아니라, 단지 신적인 위엄만을 가지고 있을 뿐입니다. 그들은 다음과 같이 말합니다.

> 교황이 네 죄가 사해졌다고 한마디 언급하면, 네가 비록 회개하지 않고 믿지 않을지라도 죄는 없어진다.

이것으로 그들은 자기 권능으로 하늘을 주거나 빼앗을 수 있고 하늘을 여닫을 수 있으며 하늘에 앉히거나 지옥에 앉힐 수 있다고 생각합니다. 하지만 그러한 일은 더 이상 일어나지 않을 것입니다. 왜냐하면 그것은 우리의 구원이 인간의 행위, 능력, 권능에 놓여 있다는 결론을 내리게 하는 것이기 때문입니다. 이것은 성서와 반대되는 것입니다. 당신이 닫거나 연다고, 그것이 닫히거나 열리는 것은 아닙니다.

믿는 자의 권능

"너희가 죄를 사하는 자들에게서 죄는 사해지고, 너희가 그것을 유지하는 자들에게서 죄는 유지된다"라는 그리스도의 말씀을 우리는 바르게 이해해야 합니다. 여기서 제정된 것은 말하는 자의 권능이 아니라 믿는 자의 권능입니다. 말하는 자의 권능과 믿는 자의 권능은 하늘과 땅처럼 서로 멀리 떨어져 있습니다. 모든 것이 말 한대로 이루어지는 것은 아닙니다. 비록 그리스도가 말씀을 설교하셨어도 말씀을 들은 사람이 모두 믿은 것은 아니었습니다. 하나님의 말씀일지라도 그가 말씀한 대로 곳곳에서 이루어지지 않았습니다. 그리스도는 다음과 같이 말하고자 하십니다.

> 너희는 말씀을 전하고 복음을 설교하고 다음과 같이 말할 권능을 갖고 있다. 즉, 믿는 자에게는 죄가 사해지지만, 믿지 않는 자에게는 죄가 사해지지 않는다. 그러나 너희는 믿음을 만드는 권능을 갖고 있지는 않다.

이것은 바울이 고린도전서 3장에서 말하는 것처럼 '식물을 심고' '자라게 하고' '물을 주는 것'은 서로 다르다는 사실과 같은 이치입니다.

> 나는 심었고 아볼로는 물을 주었으되 오직 하나님이 자라나게 하셨나니. 고전 3:6

그러므로 우리에게는 주님처럼 다스리는 권능이 주어진 것이 아닙니다. 오히려 우리는 말씀을 설교해야 하는 종이자 섬기는 자이며, 말씀을 통해 사람을 믿음으로 안내하는 자일 뿐입니다.

그러므로 당신이 말씀을 믿으면, 당신은 이러한 권능을 얻는 것입니다. 당신이 말씀을 믿지 않는다면, 제가 말하고 설교하는 것, 그것이 비록 하나님의 말씀이라 할지라도 당신에게 아무 도움을 주지 못합니다. 그것은 당신이 설교가에게 불명예와 수치를 행하는 것이 아니라 하나님에게 하는 것과 같습니다. 그러므로 불신앙이란 하나님이 거짓으로 벌하시는 불경죄不敬罪와 다를 바 없습니다. 제가 "네 죄가 하나님의 이름으로 사해졌다"라고 말하고 당신이 그것을 믿지 않는다면, 당신이 "그것이 사실인지 그것이 그의 진심인지 누가 알겠는가?"라고 말하는 것과 같기 때문입니다. 이러한 불신앙은 하나님을 거짓말쟁이로, 그의 말씀을 거짓말로 만드는 것입니다. 그러므로 당신이 믿지 않는다면 말씀으로부터 멀리 거리를 두는 것이 훨씬 나을 것입니다. 왜냐하면 설교가가 하나님 말씀을 설교할 때, 하나님은 마치 자신이 그것을 행하신 것처럼 말씀이 소홀히 여겨지지 않도록 하고자 하시기 때문입니다. 이것이 바로 각 그리스도인이 가진 권능이며 하나님으로부터 주어진 권능입니다. 이에 대해 이미 자주 많이 말씀드렸습니다. 오늘은 이것으로 충분합니다.

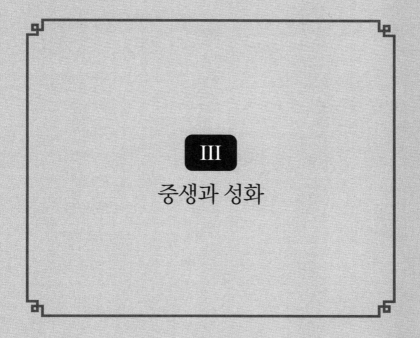

III

중생과 성화

10. 새로남

성경본문: 요한복음 3장 1-15절

"그런데 바리새인 중에 니고데모라 하는 사람이 있으니 유대인의 지도자라. 그가 밤에 예수께 와서 이르되 랍비여 우리가 당신은 하나님께로부터 오신 선생인 줄 아나이다. 하나님이 함께 하시지 아니하시면 당신이 행하시는 이 표적을 아무도 할 수 없음이니이다. 예수께서 대답하여 이르시되 진실로 진실로 네게 이르노니 사람이 거듭나지 아니하면 하나님의 나라를 볼 수 없느니라. 니고데모가 이르되 사람이 늙으면 어떻게 날 수 있사옵나이까 두 번째 모태에 들어갔다가 날 수 있사옵나이까. 예수께서 대답하시되 진실로 진실로 네게 이르노니 사람이 물과 성령으로 나지 아니하면 하나님의 나라에 들어갈 수 없느니라. 육으로 난 것은 육이요 영으로 난 것은 영이니 내가 네게 거듭나야 하겠다 하는 말을 놀랍게 여기지 말라. 바람이 임의로 불매 네가 그 소리는 들어도 어디서 와서 어디로 가는지 알지 못하나니 성령으로 난 사람도 다 그러하니라. 니고데모가 대답하여 이르되 어찌 그러한 일이 있을 수 있나이까. 예수께서 그에게 대답하여 이르시되 너는 이스라엘의 선생으로서 이러한 것들을 알지 못하느냐. 진실로 진실로 네게 이르노니 우리는 아는 것을 말하고 본 것을 증언하노라. 그러나 너희가 우리의 증언을 받지 아니하는도다. 내가 땅의 일을 말하여도 너희가 믿지 아니하거든 하물며 하늘의 일을 말하면 어떻게 믿겠느냐. 하늘에서 내려온 자 곧 인자 외에는 하늘에 올라간 자가 없느니라. 모세가 광야에서 뱀을 든 것 같이 인자도 들려야 하리니 이는 그를 믿는 자마다 영생을 얻게 하려 하심이니라."

설교

우리는 오늘 삼위일체주일에 해당하는 복음서 말씀을 읽었습니다. 물론 이 말씀에는 삼위일체에 관해 말하는 바가 거의 없습니다. 이 말씀은 단지 적은 분량으로 세 위격, 성부, 성자, 성령을 보여줄 뿐입니다. 하지만 이 복음서 말씀은 우리 인간이 하늘에 오르는 길을 보여줍니다.

지혜롭지만 예수님 말씀을 이해하지 못하는 니고데모

이 말씀에는 이해하기 힘든, 분명하지 않은 구절들이 포함되어 있습니다. 주님이 말씀하신 것처럼 '이스라엘 선생'이며 배운 사람인 니고데모 역시 이 말씀을 이해하지 못했습니다. 니고데모는 하나님에 대하여 정통하였습니다. "우리가 당신은 하나님께로서 오신 선생인 줄 아나이다…"요 3:2라고 말한 것으로 알 수 있습니다. 그는 정말로 하나님에 관해서 많은 것을 알고 있었습니다. 이 사람은 최고의 이성을 가지고 있고 지혜로우며 배운 자이지만 그리스도가 말씀하시는 것을 이해하지 못하는 사람의 모형입니다.

이처럼 하나님에 관해 많이 알고 많이 얘기하는 것으로는 충분하지 않습니다. 오히려 "하늘에서 내려온 자, 곧 하늘에 있는 인자 외에는 하늘에 올라간 자가 없느니라"요 3:13라는 그리스도의 말씀을 알아야 합니다. 그러므로 주님은 다음과 같이 말씀합니다.

사람이 거듭나지 아니하면 하나님 나라를 볼 수 없느니라.요 3:3

이 대답이 니고데모의 질문과 어울리기나 합니까? 예수님은 다음과 같이 말씀하고자 하신 것입니다.

너는 물론 내가 하나님에게서 왔음을 말하고 있지만, 정작 네가 말하는 것이 무슨 의미인지 알지 못한다. 너는 하나님을 진실로 깨닫는 것에서 너무 멀리 떨어져 있다. 너는 많은 것을 알고 있다고 생각하지만, 필요한 것은 먼저 네가 지금과는 다른 사람이 되는 것이다. 너는 하나님의 나라를 보지 못할 뿐만 아니라, 인간들이 하나님께 가도록 하나님이 행하시는 일 역시 보지 못한다. 성전으로 달려가며 금식하고 기도함으로는 그러한 인식에 도달하지 못한다. 오히려 너는 새로 태어나야 한다. 그러므로 너는 먼저 죽어야 한다.

새로 태어남이란

아기에게서 볼 수 있듯이 태어남은 존재 전체가 선물이 되어 오는 것입니다. 새로 태어나면, 아기에게 세례복과 아기가 해야 할 일들이 주어질 뿐만 아니라, 육과 영혼이 함께 주어집니다. 새로운 출생은 우리의 행위를 통해 일어나는 것이 아닙니다. 존재 전체가 함께 오는 것입니다. 따라서 하나님을 깨닫고자 하는 사람은 새로운 출생을 해야 합니다. 그리고 옛사람은 철저하게 죽어야 합니다. 밀알이 열매를 맺으려면 들판에 심겨야 합니다.

여기서 밀알은 줄기가 싹이 트며 자라지만 아직 눈에는 보이지 않습니다. 그리고 밀알은 뿌리가 되어 다른 밀알들을 맺습니다. 당신은 여기서 모든 것들이 변형되어야 한다는 사실을 알 수 있습니다.

새로운 출생도 이와 같습니다. 하나님과 그의 나라에 관하여 말하고자 하는 사람은, 먼저 새로운 피조물이 되어야 합니다. 이전과는 다른 마음, 다른 이성, 다른 지성, 다른 감정이 되어야 합니다. 밀알이 땅에서 다른 모양을 얻는 것처럼, 모든 것은 새로워져야 합니다. 그러나 이성은 이런 설교를 이해하지 못하고 오히려 다음과 같이 말합니다.

그렇다면 자유의지가 쓸모없다는 말인가? 나는 하나님에 관하여 말할 수 있으며, 이것저것을 행할 능력이 있다.

당신은 "그런 모든 것은 쓸데 없다"라고 말씀하시는 그리스도에게 귀를 기울이시기 바랍니다.

어떻게 새로 태어나는가

니고데모는 "사람이 늙으면 어떻게 날 수 있사옵나이까?"요 3:4라고 놀라 말합니다. 니고데모는 다음과 같이 말하고자 한 것입니다.

> 내가 보잘것없는 존재라면 어떻게 하나님을 볼 수 있습니까? 당신은 내가 없어져야 한다고 말씀합니다. 내가 그렇게 모든 것이 모자랍니까? 우리는 결코 주님을 보지 못합니까?

니고데모는 이성을 갖고 있지 않은 사람이 하늘에 가는 것은 불가능하다고 말하고자 한 것입니다. 그때, 주님이 그에게 다음과 같이 분명히 말씀하십니다.

> 진실로 진실로 네게 이르노니 사람이 물과 성령으로 나지 아니하면 하나님 나라에 들어갈 수 없느니라.요 3:5

하나님을 깨닫고자 한다면, 우리가 보잘것없는 존재임을 먼저 아는 것이 필요합니다. 그러나 여기서 이성에 매달리는 인간은, 자신의 삶을 규정할 수 있는 율법을 따라 살며 선한 행위를 하는 것이 자신의 구원을 가장 잘 이뤄줄 것이라 착각하게 됩니다. 그러나 그것은 틀린 길입니다. 이성은 하나님 나라에 이르는 다른 방법을 알지 못합니다. 오히려 우리는 다른 마음을 가짐으로 모든 것이 헛되다는 사실을 알아야 합니다.

"나는 죄 가운데 태어났고 죽음의 자녀이다. 그러나 예수 그리스도가 세상에 오셔서 나를 위해 죽으시고 내가 생명을 얻도록 하셨다"라는 것이 진리입니다. 첫 번째 빛^{이성}은 "나는 생명을 얻을 만하다"라고 말합니다. 그러나 두 번째 빛^{복음}은 "아니. 오히려 그리스도가 그것을 행하셔야 한다"라고 말합니다. 바로 이것으로 새로운 출생이 시작됩니다. 왜냐하면 은혜의 문은 그리스도만이 여시는 것이지, 내가 여는 것이 아니기 때문입니다. 그래서 그리스도는 이 출생을 영의 출생이라고 부르십니다. 이러한 새로운 마음은 본성적으로 심겨진 것이 아니라 하늘로부터 주어지는 것입니다.

육체도 새로워져야 한다

그러나 마음과 생각과 용기가 바뀌었을지라도, 저는 이전처럼 여전히 인간이며 육체를 갖고 있습니다. 마음과 생각처럼 육체도 바뀌고 새로워져야 합니다. 요점은 이것입니다.

우리 영혼과 육체는 변화되어야 합니다. 죄와 흠으로부터 깨끗해져야 합니다. 이것은 죽음을 통해 일어납니다.

경건한 사람^{의로운 사람}은 다음과 같이 말합니다.

하나님은 내 행위 때문이 아니라 그리스도 때문에 내 모든 죄를 용서하셨습니다. 따라서 내가 행하는 모든 것은 하나님을 찬양하고 영광을 돌리기 위한 것이지, 내가 이것을 통하여 무엇인가 공로를 얻고자 함이 아닙니다.

이렇게 말하는 사람은 하나님 나라를 보고 있는 것이며, 하나님 나라는 영적인 관점에서 볼 때 이미 그 사람 안에 있는 것입니다. 하지만 육체적으로 보면 그는 아직 이생에 머무는 한, 죽음에 속해 있습니다. 이성은 이러한 사실을 이해하지 못하며, 따라서 이성으로는 하나님 나라 역시 볼 수 없습니다. 왜냐하면 하나님은 이성이 생각하는 것처럼 행하시지 않기 때문입니다. 그리고 이성은 여전히 어둠에 둘러싸여 있으며, 인간의 이성에 따른 생각을 품은 모든 사람은 저주를 받은 자들입니다. 하나님은 하나님 경외의 방식으로 인식되어야 합니다. 저는 저의 모든 죄가 그리스도의 공로로 용서되었다는 사실을 압니다. 하나님은 우리에게서 어떤 재물도 받고자 하지 않으십니다. 오히려 그런 재물을 바라는 자들에게 모든 것을 넉넉하게 베풀어주십니다. 성령이 우리를 다르게 새롭게 만들어 주셔야 합니다. 우리를 완전히 드러내 발가벗기셔야 하고 우리에게 새로운 마음을 주셔야 합니다.

새로남은 이해할 수 없는 방식으로 이루어진다

내가 네게 거듭나야 하겠다 하는 말을 기이히 여기지 말라. 요 3:7

주님은 다음과 같은 의미로 계속 말씀하십니다.

> 너는 이 말씀을 이해하지 못하고 있다. 바람을 보아라! 바람이 문
> 을 통해 들어올 때 바람이 어디서 불고 어디서 그치는지 알 수 없
> 다. 바람 소리를 듣지만 어디로부터 오는지 알지 못한다. 이처럼
> 바람이 나무에 불어댈 때, '바람은 비텐베르크로부터 온 것이다'
> 라고 말할 수는 없는 것이다. 참조. 요 3:8

우리는 이러한 예를 숙고함으로 태어남의 방식을 깨달을 수 있습
니다. 이것은 영적인 사람에게도 해당합니다. 어떠한 행동이나 모습
으로 우리가 영적으로 되고 영적인 존재가 시작되어야 한다고 생각
하지 말기 바랍니다. 만일 "나는 그렇게 내 생명을 시작할 것이며, 수
도사복을 입고 수도원에 갈 것이다"라고 말하고자 하면, 주님은 "아
니오!"라고 말씀하실 것입니다. 영적인 사람이라면 그렇게 말할 수
없습니다. 그럼에도 불구하고 그것을 시도한다면, 그는 영적인 존재
가 아니라 아직 육적인 존재입니다. 왜냐하면 영적인 사람은 하나님
홀로 역사하시도록 하기 때문입니다.

주님은 영적인 사람은 여기서도 저기서도 발견될 수 없으며 또한
수도사복을 입거나 그 밖의 다른 어떤 것도 행하지 않는다는 사실을
보여주고자 하십니다. 왜냐하면 이것들은 영적인 삶에 어떤 기여도
하지 못하기 때문입니다. 요점을 말하면, 성지순례나 다른 어떤 행위
도 도움이 되지 않습니다. 다른 존재가 되는 것이 필요합니다. 우리

의 모든 행위는 몰락하게 되기에, 당신이 하고자 하는 행위로는 어떤 것도 성취할 수 없습니다.

새로운 존재는 오직 은혜에 근거한다

새로운 존재란, 자기 자신의 행위에 근거하는 것이 아니라 주님이 예수 그리스도를 통하여 선물로 주신 은혜에 기초하는 것입니다. 제가 오직 은혜에 근거해야 한다는 것은, 내 행위와 의복들은 아무것도 아닌 것이 되어야 한다는 말입니다. 또한 새로운 존재에는 시작도 끝도 없습니다. 우리는 바람 부는 것을 듣지만, 바람이 어디에서 오고 어디로 가는지 알지 못합니다. 만일 누군가가 설교하면, 말씀은 그의 입에 있으나 그 말씀이 무엇을 수행하는지 아무도 알지 못합니다. 이 구절에서 우리는 그리스도인은 결코 행위와 장소와 사람을 신뢰해서는 안 된다고 결론 내릴 수 있습니다. 이 사실에 대해 이성은 놀라며 다음과 같이 말합니다.

사람들이 영적인 사람에 관하여 어떤 것도 들을 수 없다는 사실과, 우리와 관련된 모든 것이 아무것도 아니라는 사실이 어떻게 가능한 일입니까? 이렇게 모든 사제가 저주받는 것이 가능이나 합니까?

"너는 이스라엘의 선생으로서 이러한 일을 알지 못하느냐" 요 3:10

라고 주 예수 그리스도가 말씀하십니다. 즉, 너는 백성을 가르치는 자이기에 이러한 사실을 알아야 한다는 뜻입니다. 주님은 다음과 같은 의미로 말씀하시고자 한 것입니다.

> 내가 지금 너에게 말한 것, 즉 새로이 태어나야만 한다는 사실을 너희는 가르쳤어야 했는데 가르치지 않았다. 오히려 너희는 정반대의 것을 가르쳤다. 너희는 바람이 어디에서 오는지에 마음을 쓰고 바람 소리에 주의를 기울였다.

주님은 그에게 말씀합니다.

> 진실로 진실로 네게 이르노니 우리는 아는 것을 말하고 본 것을 증거하노라. 그러나 너희가 우리 증거를 받지 아니하노라.요3:11

주님은 다음과 같이 말씀하고자 하신 것입니다.

> 나는 영적인 출생이 어떻게 이루어지는지 네게 손가락으로 가리켜 쉽게 알도록 해야 하지만, 그것은 이루어질 수 없다. 나는 하나님으로부터 왔기 때문에, 너는 나를 믿어야 하고, 너희의 것은 아무 가치도 없다. 우리는 이러한 사실을 말씀을 통해서만 보여줄 수 있다. 만일 네가 말씀을 믿는다면, 너는 이러한 사실을 깨닫게 될 것이다. 이 땅 위의 것들, 즉 우리 모두는 파멸되어야 하

고, 사람은 티끌이요 다시 티끌이 되어야 한다고 말하는 사실을 네가 믿지 않는다면, 하나님에 관하여 많은 말을 한들 무슨 소용이 있겠는가? 나는 곡식에 관하여 말했으나 너는 그것을 이해하지 못했다. 그런데 우리의 육이 죽음 이후에 해처럼 맑고 투명하게 빛난다는 사실과, 죽음 후에 뒤따르게 될 것을 말할 때, 네가 그것을 어떻게 이해하겠는가?

그리스도는 죽은 동시에 살아계셨다

하늘에 올라간 자가 없다. 요 3:13

이것은 하늘의 것에 관한 말씀입니다. 주님은 니고데모에게 하늘의 것이 어떻게 이루어지는지를 보여주는 작은 암시를 줍니다. "하늘에서 내려온 자 외에는 하늘에 올라간 자가 없으며" 그는 하늘 위에 계십니다. 이 사실을 이성은 이해하지 못합니다. 이것은 하늘의 설교이기 때문입니다.

나는 이 땅에 내려왔고, 그 이전에는 하늘에 머물렀으며 다시 하늘로 올라갈 인자이다.

이 말씀은 그리스도가 하늘과 만물의 주님이 되셨다는 사실을 말하고자 하는 것입니다.

따라서 너는 내가 이 땅에 내려온 자, 심지어 지옥에까지 내려간 자라는 사실을 알아야 한다. 그렇지만 나는 하늘에 머물렀었다.

그리스도는 죽음에 놓여 있었을 때도 또한 살아계셨습니다. 그리스도는 벌레처럼, 아니 벌레보다도 못한 존재로 업신여김을 받으셨기 때문에, 하나님 앞에서 거룩한 자로 서 계셨고 다시 하늘로 가셨습니다. 이 일이 일어난 후에, 그리스도는 이 땅 위에 계실 때 모든 피조물에 굴복하신 것처럼 또한 모든 피조물에 대한 권력을 받으셨습니다. 누구도 그리스도를 흉내 내지 못했습니다. 우리는 죽음 가운데 있으면, 그리스도처럼 동시에 하늘 저 위에 있지 못합니다. 다시 말하면, 죄와 죽음은 우리를 지배하지만, 죄와 죽음 그리고 다른 어떤 것도 그리스도를 지배하지는 못합니다. 누구도 만물을 자신의 발에 두게 하는 그런 능력을 갖고 있지 않습니다.^{고전 15:27} 비록 그가 세상 앞에서는 죽음에 놓여 계셨을지라도, 하나님 앞에서는 살아계셨습니다. 그는 세상 앞에서는 수치 가운데 계셨으나, 하나님에게서는 영광이 되셨습니다. 그러나 우리는 인류 조상의 타락으로 말미암아 모두 타락하게 되었습니다.

혈과 육으로는 하늘나라에 갈 수 없다

그리스도는 니고데모를 다시 거부하십니다. 다시금 육과 피에 관하여 말씀하시되, 육과 피는 하늘나라에 들어갈 수 없다고 하십니다.

참고. 요 3:6 그리스도만이 이 일을 하실 수 있기 때문에, 만물에 대한 지배는 그의 손에 놓여 있습니다. 그리스도는 살아 있는 것을 죽이실 수 있고, 부유한 것을 가난하게 하실 수 있듯이 말입니다. 따라서 그리스도는 혈과 육으로는 하늘나라에 갈 수 없다고 결론 내리십니다. 그리스도의 올라가심과 내려오심은 그 자신을 위해서가 아니라, 우리에게 도움이 되도록 일어난 것입니다. 다시 말해, 육신에 속하는 우리가 하늘에 도달하도록 하기 위함입니다. 이것의 전제조건은 먼저 그리스도의 육체가 죽는 것입니다. 요약하여 말하면, 우리는 우리 자신의 행위로는 아무것도 이루지 못합니다. 이제, 그리스도 자신이 하늘로 올라가심이 어떻게 우리에게 선물로 주어졌는지 이어집니다.

인자도 들려야 하리니

> 모세가 광야에서 뱀을 든 것 같이 인자도 들려야 하리니. 요 3:14

이것은 무엇 때문입니까? 피조물들이 새롭게 되고 그리스도를 뒤따르도록 하기 위함입니다. 이를 위해 그리스도가 하늘로 올라가셨으니 우리는 그를 뒤따라야 합니다. 여러분은 이 이야기를 구약에서 읽을 수 있습니다. 민 21:8-9 독사들이 불을 토했던 이야기를 읽어보시기 바랍니다. 그리스도는 이 이야기를 자신과 관련하여 해석하셨습니다. 즉 구약에서 유대인들이 구원받은 것처럼, 그리스도를 바라보는 자들은 멸망하지 않을 것이라고 하였습니다. 다시 말하면, 그리스도가 하늘에 머무르셨고 땅으로 내려오셨고 다시 하늘로 올라가셨음을 믿어야 한다는 것입니다. 이 뱀그리스도의 도움으로 우리는 올라가야 합니다. 따라서 이 복음서 말씀은 자유의지와 모든 것을 저주하며 오직 뱀그리스도만을 가리킵니다.

이 말씀의 영적인 의미는 다음과 같습니다. 유대인들을 물었던 독사들과 그 독은 죄와 죽음과 악한 양심을 뜻합니다.

> 너는 내가 죄와 죽음 가운데 하늘로 올라가는 것을 보게 될 것이다. 그리고 나는 내가 죽음 가운데 있다는 것을 알지만, 나는 이 상태에서 나올 수 없고 사람들이 나를 위해 뱀을 세울 때까지는 그 안에 머물러야만 한다. 이 뱀놋뱀은 살아 있지 않고 죽은 것으로 내게 해를 끼치지 않고 오히려 도움을 준다.

따라서 우리는 그리스도가 고운 모양과 풍채도 없이 십자가 위에 달리신 것을 봅니다.사 53:2 만일 그리스도가 십자가에 아름다운 모습으로 매달리셨다면, 육은 "그리스도는 자신의 행위로 공로를 얻어, 아버지로부터 그렇게 영광스럽게 되고 높임을 받게 되셨다"라고 말할 수 있을 것이기 때문입니다. 그러나 우리는 십자가에 달린 그를 마치 악인처럼 보게 되며, 이성은 그리스도가 하나님으로부터 저주를 받았다고 말할 수밖에 없습니다. 유대인들도 그리스도를 하나님으로부터 저주를 받은 자로 여길 수밖에 없었습니다.

그리스도의 죽음은 나의 생명

결국 모세는 뱀을 들어 세웠습니다. 이 뱀은 비록 불같은 뱀처럼 보였지만 아무도 물지 않았습니다. 이처럼 그리스도는 죄인처럼 보이지만, 이 모습은 내게 구원을 가져다줍니다. 그리스도의 죽음은 나의 생명이기 때문입니다. 그리고 그리스도가 나의 죄에 발을 들이셔서 아버지의 진노를 나로부터 **빼앗아** 가셨기 때문입니다. 뱀죄은 내 안에서는 살아 있으나 그 안에서는 죽어 있습니다. 그리스도 자신은 죄를 짓지 않으셨기 때문입니다.

따라서 만일 우리가 그리스도의 죽음이 우리의 죄를 앗아갔다는 사실을 믿는다면, 우리는 새로운 사람이 됩니다. 인간은 본성으로는, 하나님이 모든 죄를 순전한 은혜로 말미암아 용서하신다는 사실을 쉽게 믿을 수 없습니다. 오히려 "만일 네가 죄를 지었다면, 너는 스스로 너 자신을 위해 배상해야 한다"라고 말할 것입니다. 하지만 그리스도의 나라는 다음에 있습니다. 만일 당신 자신이 죄로 타락했다면, 당신을 위해 배상할 한 사람이 있어야 하는데, 이 사람이 바로 예수 그리스도입니다. 만일 우리가 이것을 믿음으로 받아들인다면, 우리는 그리스도와 하나가 됩니다. 결론적으로 말한다면, 우리가 어떤 존재이며 우리가 무엇을 가졌는지는 중요하지 않습니다. 오직 그리스도에 대한 믿음만이 모든 것을 행합니다.

11. 믿음으로부터 나오는 성화

성경본문: 데살로니가전서 4장 1-8절

"그러므로 형제들아 우리가 끝으로 주 예수 안에서 너희에게 구하고 권면하노니 너희가 마땅히 어떻게 행하며 하나님을 기쁘시게 할 수 있는지를 우리에게 배웠으니 곧 너희가 행하는 바라 더욱 많이 힘쓰라. 우리가 주 예수로 말미암아 너희에게 무슨 명령으로 준 것을 너희가 아느니라. 하나님의 뜻은 이것이니 너희의 거룩함이라 곧 음란을 버리고 각각 거룩함과 존귀함으로 자기의 아내 대할 줄을 알고 하나님을 모르는 이방인과 같이 색욕을 따르지 말고 이 일에 분수를 넘어서 형제를 해하지 말라. 이는 우리가 너희에게 미리 말하고 증언한 것과 같이 이 모든 일에 주께서 신원하여 주심이라. 하나님이 우리를 부르심은 부정하게 하심이 아니요 거룩하게 하심이니 그러므로 저버리는 자는 사람을 저버림이 아니요, 너희에게 그의 성령을 주신 하나님을 저버림이니라."

설교

행하는 믿음에 대한 설교의 필요성

오늘 서신서의 가르침은 선행에 관한 것입니다. 바울은 믿음에 관하여 이미 충분하게 가르쳤다고 하여 오늘 말씀에서 믿음에 관하여 더 이상 말하지 않는 것이 아닙니다. 오히려 그는 태만하거나 나태하지 않고 행하는 믿음을 가져야 한다고 권고합니다. 우리는 믿음을 통하여 어떤 행위나 공로 없이 의롭게 된다는 내용의 설교를 자주 들었습니다. 하지만 칭의가 이루어진 후 선행 없이 살아서는 안 됩니다. 이에 대한 가르침이 지속적으로 엄하게 가르쳐지는 것이 필요합니다. 마귀는 졸지도 않고 우리가 왕의 길에 머무는 것을 방해하며, 오히려 우리를 왼쪽이나 오른쪽으로 치우치도록 밀치고 있습니다. 그래서 오늘 말씀처럼 선행에 관한 설교를 듣게 되면 우리는 다시 행위의 의를 통하여 구원받고자 하고 이와 더불어 그리스도^{그리스도를 믿음으로만 의롭게 됨}를 무시하는 상황에 쉽게 빠지게 됩니다. 우리 자신의 힘과 행위로 구원받고자 합니다. 반면 '믿음만이 우리의 칭의'라고 믿음에 관해 설교하게 되면, 우리는 거꾸로 다음과 같이 말합니다.

우리가 어떤 일을 많이 행하는 것이 필요한가? (믿음으로 구원받는데) 선한 행위들을 하려고 애쓸 필요가 있는가?

따라서 걱정스러운 것은 우리 시대 이후에 사람들이 선행을 너무 많이 추구하거나 반대로 도덕적으로 매우 야만스럽게 되는 일입니다.

중도의 길

이와 달리 바울은 중도의 길을 보여줍니다.

> 여러분은 어떻게 행해야 하는지를 알고 있으므로, 저는 여러분이 점점 완전함에 이르기를 권면합니다.

이것은 믿음에 따른 외적인 삶과 관련됩니다. 바울은 믿음에 관하여 더 이상 말하지 않고 점점 완전해져야 하는 그리스도인의 행함의 필요성에 관하여 말합니다.

> 하나님이 우리를 믿음과 복음을 통해서 부르신 것은 음란하게 살지 말고 의와 성화의 삶을 살도록 하기 위함입니다.

만일 우리가 더욱더 죄 안에서 행하고 그 안에 머물기를 원한다면, 죄로부터의 구속이 무슨 의미가 있겠습니까? 그것은 오히려 죄 가운데로 던져지는 것입니다. 그러므로 올바른 길을 제시하는 복음적인 교사들을 위해 힘써야 합니다. 사람들은 행위를 너무 영적으로 다루거나, 반대로 행위에 관하여 전혀 가르치지 않기 때문입니다. 그렇게 마귀는 항상 양쪽에서 우리를 유혹합니다. 그러므로 우리는 하나님의 뜻, 즉 더욱더 완전하게 되는 것에 대해 질문해야 합니다.

완전에 이르고자 하는 오류들

바울은 오늘 말씀에서 데살로니가 교인들에게, 그들이 믿음으로 시작했지만 다다라야 할 지점에는 아직 이르지 못했다고 언급합니다. 수도사들은 자신들이 매우 완전하다고 생각했습니다. 복음으로부터 12가지 권고들을 받아들였다는 이유 때문입니다.[14] 그들은 이것을 따라 행하면 매우 많은 선행을 하는 것으로 생각했습니다. 그들은 성서의 전체 요구보다 더 많이 행했다는 교만한 생각에 사로잡혀 있었습니다. 어떤 이들은 완전을 이루기 위하여 공동생활을 합니다.[15] 수도사복을 입어야 한다는 계명이 없지만, 완전하기 위하여 인내하며 그렇게 행하고자 했습니다.

또한 먹는 것과 마시는 것에 관한 어떤 계명도 없지만, 그들은 완전하기 위하여 여러 종류의 음식을 절제하고자 했습니다. 그들은 이렇게 완전히 곁길로 **빠졌으며** 하나님의 계명을 제대로 지키지 못한 꼴이 되었습니다. 알려지지 않은 은둔 수도사 베냐민은 3-4일, 혹은

5일 동안 금식하였으나, 그 후에는 그동안 먹지 않은 만큼 빵을 먹었습니다. 그들은 이를 통하여 다른 사람보다 더 하나님 앞에서 고귀한 존재가 될 수 있다는 생각을 가졌기에 이러한 행위들을 스스로 택하였던 것입니다.

순결하고 도덕적으로 사는 것은 빵과 물만 먹고 회색 옷수도사복을 입는다고 성취되는 것이 아닙니다. 많은 사람은 아름다운 옷을 걸치고 있지만 내적으로는 슬픔으로 가득차 있습니다. 그러므로 우리는 하나님의 계명을 따라 사는 법을 배워야 합니다. 바울은 우리가 아직 완전하지 않다는 사실을 보여줍니다. 하물며 수도사들이 꿈꾸는 것처럼 넘칠 정도로 완전함은 있을 수 없습니다. 우리는 모든 수도원을 무너뜨려야 합니다. 왜냐하면 그것들은 십계명보다 더 완전한 삶의 방식을 퍼뜨렸기 때문입니다. 그러나 어떤 사도도 하나님의 계명보다 더 위대한 것을 행하기를 원하지 않았습니다. 하나님의 계명은 누구도 자신의 힘으로 성취할 수 없습니다. 오직 어리석은 자만이 하나님의 계명에 따라 사는 것이 사소한 일인 양 그렇게 행합니다.

믿음 이후의 과제

이미 믿음을 가진 여러분은 우리 인간이 죄 안에서 잉태되고 멸망되었다는 사실을 알고 있습니다. 여러분은 그리스도를 알고 있으며 또한 그를 통하여 아버지를 알고 있습니다. 그리스도의 피가 여러분에게 세례를 베풀어 여러분의 죄가 용서되고, 그 이후 여러분은 성령으로 죄를 몰아내며 육체 전체를 훈육하기 시작하였습니다. 이것을 계속 지속하기 바랍니다. 마음^{heart}은 믿음을 통하여 새롭게 되었습니다. 하나님은 그리스도로 인해 나를 저주하지 않으실 것이기 때문입니다. 이 마음처럼 몸은 육의 모든 더러움으로부터 깨끗해져야 합니다. 과거에 사람들은 정결함이 믿음에 근거한 것이 아니라 수도사의 삶에 놓여 있다고 생각했습니다.

그러나 우리는 이제 복음을 알고 있습니다. 불결함은 용서에 대한 믿음으로 없어집니다. 하나님은 수도사복의 끈과 수도사의 삭발을 보지 않으시고 우리의 죄를 제거하신 그의 아들을 보신다는 사실을 우리는 알고 있습니다.

성화의 연습

그러므로 이생의 삶은 몸으로부터 죄를 쓸어내는 연습, 하나님의 계명을 성취하는 연습이어야 합니다. 이러한 가르침이 계속 선포되고 사람들이 왼쪽이나 오른쪽으로 치우치지 않고 중도에 서게 하는 교사들이 계속 존재하도록 자비로운 하나님께 기도합니다! 당신은 오늘까지도 여전히 죄인이며, 성령을 10배^{성령충만}나 가지고 있는 것이 아니라 단지 성령의 첫 열매를 갖고 있을 뿐입니다. 그리스도가 당신을 위해 중재자로서 하늘에 앉아 계셔서 당신의 죄가 죄로 간주 되지 않도록 하시며 당신이 더욱 완전해지도록 배려하고 계신다는 사실을 믿기 바랍니다! "나는 하나님을 믿으니, 죄를 지어도 전혀 해가 되지 않는다"라고 생각하지 않도록 주의하기 바랍니다. 그렇게 생각하는 사이에 당신은 방탕한 생활에 빠지게 될 것입니다. 그러한 상태로 오래 산다고 해도 그것은 좋은 일이 아닙니다.

복음이 영혼과 몸 전체에 스며들게 하라

그리스도는 "하늘나라는 마치 누룩을 가루 서 말 속에 갖다 넣어 전부 부풀게 한 여인과 같다" 마 13:33라고 말씀하셨습니다. 덩어리 전체가 발효되기 위해서는 누룩이 그 안에 넣어져야 합니다. 여인이 누룩을 반죽 덩어리 안에 넣을 때 그 덩어리 전체는 아직 발효되지 않았고, 그녀는 누룩이 덩어리 전체에 스며들 때까지 기다려야 합니다. 복음은 누룩과 같습니다. 당신은 누룩을 의자 위에 놓지 말고, 반죽 덩어리에 집어넣어, 누룩이 덩어리 전체에 스며들어 그것을 부드럽게 만들도록 해야 합니다. 만일 제가 복음을 단지 바라만 보고 말하고자 한다면, 그것은 내게 아무 유익도 없습니다. 복음은 누룩이 되어 영혼과 몸 안으로 들어가 전체에 스며들어야 합니다. 그럴 때 이성은 복음의 누룩을 통하여 새로운 생각을 하게 됩니다. 이제는 의지와 모든 지체와 더불어 손과 입 역시 뒤따라야 합니다. 그러면 믿음은 역사하여 천천히 몸 전체에 스며들게 됩니다.

성령의 능력에 의한 성화

나의 마음이 죄의 용서를 믿는 것처럼, 입과 혀도 죄짓기를 그만두어야 하고, 비열한 말을 하지 말며, 음란과 간통이 아니라 훈육과 거룩함으로 가득하여야 하고, 기쁨으로 하나님의 말씀을 찬양하고 기도하고 하나님을 경배해야 합니다. 귀 역시 마음의 믿음과 닮게 되도록 순결하고 깨끗해져서 무례하고 수치스러운 말이나 욕이나 악습을 듣지 않고 오히려 하나님의 말씀과 이웃에 관한 좋은 것을 들어야 합니다. 마찬가지로 바울이 오늘 말씀에서 말하듯이 결혼생활에서도 단정해야 합니다. 아내가 아닌 다른 여인에 대한 악하고 육적인 정욕은 점점 사라져야 하고, 자신의 몸을 억제하여 욕정을 품지 않도록 해야 합니다. 이 일은 당신이 수도사복을 입는 것으로 시작되는 것이 아니라, 믿음 안에서 주어지며 마음을 새롭게 하는 성령의 능력을 통해, 그리고 "하나님이 나의 죄를 용서하시고 그리스도를 알도록 하셨다. 이제 나는 그의 마음에 드는 일을 행할 것이다"라는 생각을 마음에 불어넣는 성령의 능력을 통하여 이루어집니다.

성화의 출처

육신이 선을 행하기 원하지 않으면, 저는 작은 방이나 모임에 가서 기도합니다.

사랑하는 하나님, 제가 당신의 이름을 마음으로 거룩하게 하기

시작한 것처럼, 그 이름을 나의 몸 전체에서도 거룩하게 할 수 있
도록 하옵소서!

저는 정결하고 정숙하게 살기 시작하였으나, 육은 그릇된 길을 가
고 싶어 합니다. 무릎 꿇고 기도하며 하나님께 도움을 간구하는 외적
인 행위들로 그러한 욕구들이 물러나지 않습니다. 비록 광야에 간다
고 할지라도, 당신은 옛 아담육을 지니고 갈 수밖에 없습니다. 당신이
수도사복을 입을지라도, 그것은 당신에게 유익이 없으며 당신은 그
것으로 단지 옛 악인을 은폐할 뿐입니다. 수도원의 수도사들에게 행
한 모든 고해告解는 음탕함, 탐식, 시기, 분노 등에 대한 것일 뿐입니
다.

하지만 여러분은 새로운 빛을 받았고 하나님의 뜻을 들었습니다.
하나님이 원하시는 것은 여러분이 그리스도를 통하여 구원받는 것
과, 하나님이 순결하신 것처럼 여러분 또한 순결하게 되고 하나님의
계명을 지키는 것입니다. 따라서 욕망이나 다른 충동이 당신을 강요
한다면 다음과 같이 외치기 바랍니다.

하늘의 아버지여 도우소서, 마음으로 믿고 당신을 사랑하기 시
작한 것처럼, 입으로도 그렇게 말하고 손들도 그렇게 행하도록
하소서!

그렇게 내면으로부터 개선되어야 하지 거꾸로 되어서는 안 됩니

다. 물이 안으로부터 흘러나와야 합니다. 당신이 물을 샘에 부어서는 안 됩니다. 제 마음에는 악인이 존재하고 있습니다. 이 악인육은 나와 함께 하며 잠을 잡니다. 그는 외적인 행위들에 의해서는 약해지지 않습니다. 당신에게 필요한 일은 아버지께서 당신에게 자비를 베푸시는 근거가 되는 그리스도를 믿는 것입니다. 아버지는 죄와 원수이십니다. 그래서 내 죄를 용서하시기 위해 그리스도를 주셨습니다. 그 후에 성령을 마음에 주셔서 내 안에 있는 죄를 몹시 싫어하게 하셨습니다. 하지만 "하나님을 믿는다"라고 말한 후에 폭리를 취하고 욕심을 부리고자 한다면, 그러한 믿음은 실제로 누룩이 아닌 것입니다. 믿음이 나의 삶 전체 속에 섞이지 않은 것입니다. 당신은 믿음과 함께 당신 안으로 들어가야 합니다. 당신은 누룩을 믿음을 통해 밀어넣어야 하고, 다시금 누룩이 모든 신체 부분에 스며들도록 해야 합니다.

성화는 하나님 뜻이다

주 예수를 통하여 준 계명, 즉 하나님의 뜻은 바로 여러분이 성화되는 것이라는 사실을 여러분은 알고 있습니다.

주님은 복수하는 분이십니다. 다시 말해 주님은 사람들이 계명을 소홀히 하는 것을 참지 않으십니다. 이제 바울은 그리스도인의 외적인 삶에 속하는 것을 언급합니다.

여러분은 믿음을 통하여 거룩해졌고, 아들을 믿었기 때문에 여러분의 죄는 용서되었습니다. 이제 하나님의 뜻은 여러분이 거룩하게 되는 것이며, 하나님은 성화가 믿음으로부터 여러분의 몸에 이르게 하실 것입니다.

나의 욕망이 내 몸의 유익을 추구하거나 다른 이의 몸에 손해를 입히는 것은 우리의 탐욕적이고 성난 본성 때문입니다. 성화란 바울이 로마서에서 묘사하는 것처럼 그릇이 거룩하지 않은 사용에서 벗어나 거룩한 사용을 위해 구분되는 것입니다.

여러분이 믿음을 갖기 전에는 여러분 지체를 더러움을 섬기는데 내어준 것같이, 이제는 의를 섬기도록 여러분의 지체를 불의로부터 멀리하도록 하십시오!롬 6:19

과거에 마귀는 나의 혀를 통하여 음란한 말을 즐겨 하도록 해를 입혔습니다. 혀는 불의의 무기로, 다른 악한 것들을 불러옵니다. 우리의 말이 정결하게 되고 모든 음란함을 막기 위해, 우리의 혀는 거룩하게 되어 단정히 말하고 음탕함을 피해야 합니다. 마찬가지로 우리의 모든 지체도 거룩해져야 합니다. 우리 지체는 모든 종류의 악, 간통, 죄, 수치로 가득차 있었습니다. 우리는 한때 그 사실을 우습게 여겼습니다.

그러나 이제 당신은 그 지체들을 순결하게 사용해야 합니다. 만일 당신이 결혼하지 않고 살 수 없다면, 정욕과 악한 욕망과 생각이 당신을 사로잡지 못하도록 아내를 얻으십시오! 그렇게 하면 육신이 아직 악한 욕망의 유혹을 받는다고 할지라도, 당신의 몸과 모든 지체는 악한 정욕의 세력으로부터 멀리 있게 됩니다. 거룩한 사람들도 그렇게 행해야 합니다. 중심이 되는 믿음을 통해 내적으로 정결하게 되는 것처럼, 몸의 지체들도 외적으로 정결하게 되어야 합니다.

몸의 훈련

우리의 첫 번째 일은 우리 자신의 육체몸를 잘 훈련하는 것입니다. 거룩하다는 것은 곧 여러분의 육체와 지체들을 순결하고 단정하게 유지하는 것을 의미합니다. 여러분은 이를 위해 부름을 받았습니다. 사람들이 마귀의 유혹을 받아 육체를 간음 등의 일에 사용하게 될 때, 사도는 순결하지 않음이 무엇인지 설명하였습니다. 많은 이들이 순결하게 사는 것을 조롱하였고 이교도들처럼 비웃었습니다. 그러나 하나님은 "너희는 결혼의 바른 생활을 지켜야 하고 음란해서는 안 된다"라고 말씀하십니다. 우리는 음란을 멀리해야 합니다. 단지 외적으로만 금욕할 것이 아니라, 더욱더 기도와 성서 읽기를 통하여 육을 내적으로 극복해야 합니다. 우리가 그렇게 행하지 않을 때, 즉 우리가 거룩함성화을 연습하고자 하지 않을 때, 하나님은 벌하십니다. 안심하는 사람들은 그러한 죄를 경시하지만, 그들에겐 처벌이 있게 됩니다. 한 사람은 숨 막혀 죽고 다른 한 사람은 멸망하게 됩니다. 주 하나님은 벌주시는 분입니다. 무엇보다도 그리스도인이면서 자신의 육을 억제하지 않는 자들에게 그렇습니다.중략

그리스도인의 거룩함

민음은 그리스도인이 빈둥빈둥 시간을 보내게 하지 않습니다. 우리는 믿음을 통하여 모든 죄로부터 용서함을 받았지만, 아직 완전히 순결하지는 않습니다. 우리가 아직 불완전하다 해도 우리의 믿음은 그리스도를 껴안기 때문에붙잡기 때문에, 우리는 쓰러지지 않습니다. 이것이 중도의 길입니다. 중도의 길에서 우리는 행위를 향하여 달려가지 않지만, 그렇다고 행위를 사소한 것으로 여기지도 않습니다. 그리스도인들은 거룩합니다. 그리스도를 믿고 자신의 육신과 관련하여 거룩함성화 속에서 연습하기 때문입니다.

이웃을 속이거나 경시하지 말라

오늘 말씀의 두 번째 주제는 이웃을 속이지 말아야 한다는 것입니다. 이웃을 속이는 악덕은 안타깝게도 오늘날 더 이상 수치로 여겨지지 않습니다. 첫 번째 악덕인 간음은 더럽고, 적어도 그리스도인들 가운데서는 아직 불결한 것으로 간주되지만, 다른 사람을 속이는 일은 그렇게 생각되지 않고 있습니다. 세상은 탐욕과 속임수로 가

득합니다. 제후들과 지배자들이 이런 일들을 행하고 있습니다. 바울은 "여러분 가운데 그러한 일이 행해져서는 안 됩니다. 우리는 이웃을 속여서는 안 됩니다. 이웃을 속이는 것은 거룩한 삶이 아닙니다"라고 말합니다. 우리는 이웃에게 해를 입히며 우리 자신의 유익을 구해서는 안 됩니다. 서신서 마지막은 다음과 같이 말합니다. 많은 이들이 그러한 권고를 우습게 여길 것이지만, "경시하는 자는 사람을 경시하는 것이 아니라 하나님을 경시하는 것입니다." 남들과 똑같이 다른 사람을 속이면서 잘했다고 생각하는 이들이 여전히 많습니다. 많은 사람이 고리대금을 죄와 수치스러운 것으로 여기려 하지 않습니다. 그것에 관한 설교를 듣고는 무시합니다. 그러나 그렇게 행하는 자는 설교가를 무시하는 것이 아니라 보복하시는 하나님을 무시하는 것임을 알아야 합니다. 농부가 도시에 사는 시민의 따귀를 때리고는 웃는 경우가 있습니다. 또한 시민이 농부에게 할 수 있는 만큼의 해를 끼치고는 웃습니다. 그러한 일은 옳지 않습니다. 그것은 적어도 죄와 수치로 간주 되어야 합니다. 그러나 그들이 그것을 즐거움과 유쾌한 일로 간주하고 그것이 세상 앞에서 명예로운 일이 된다면, 세상은 전혀 희망이 없게 될 것입니다.

하나님은 모든 죄에 대해 벌하신다

거룩하지 않음이 너무나 크고 많습니다. 그것은 지체 전체를 욕망에 넘겨주기 때문입니다. 그래서 사도는 하나님의 복수하심이 우리

앞에 놓여 있다고 경고합니다. 모든 역사를 살펴보기 바랍니다! 모든 죄는 매우 엄하게 처벌되었습니다. 하나님이 죄를 용서하시고 당신의 과실들을 눈감아주시고 그것들을 죄로 간주하시지 않는다고, 우리 죄에 대하여 웃고 변호하고 죄를 자유롭게 짓고자 합니까? 이러한 일은 마귀의 죄에 해당합니다. 마귀는 죄를 짓고 하나님께 불순종할 뿐만 아니라, 또한 그것을 기쁨으로 행하고자 합니다. 여기서 하나님은 죄를 용서하실 수 없습니다.

독일 전역에 걸쳐 처벌이 내려져야 합니다. 죄가 명예가 되고 말았습니다. 한 이교 철학자가 말했습니다.[16]

악덕이 미덕이 되는 일이 한 지역에서 이루어진다면, 그 지역은 끝난 것입니다. 사람들이 그것을 악덕과 죄로 여긴다면, 아직 희망은 남아 있습니다.

독일에서는 그것을 의로운 일로 여기고 있기에, 더 이상 희망이 없습니다. 만일 한 사람이 죽을병에 걸려 있는데 여전히 건강하다고 생각한다면, 의사는 더 이상 어떤 것도 도울 수 없습니다. 사도 바울은 이러한 사실을 열심히 우리에게 명심시켜, 하나님을 두려워하며 하나님의 계명에 거슬러 행하지 않도록 권면하고 있습니다.

12. 자기 자신과 싸워야 하는 그리스도인

성경본문: 로마서 12장 3절

"내게 주신 은혜로 말미암아 너희 각 사람에게 말하노니 마땅히 생각할 그 이상의 생각을 품지 말고 오직 하나님이 각 사람에게 나누어 주신 믿음의 분량대로 지혜롭게 생각하라."

믿음과 선행의 설교

바울은 습관에 따라 서신 앞부분에서 기독교 가르침의 중요한 부분, 즉 율법과 죄, 그리고 믿음에 관하여 가르쳤습니다. 여러분이 알고 있으며 오늘날까지 날마다 듣고 있는 것처럼, 바울은 우리가 하나님 앞에서 의롭게 되고 영원히 사는 방법을 가르쳤습니다.

우리는 두 가지 사실을 가르치고 설교해야 합니다. 첫째, 믿음이 올바르게 설교 되도록 힘을 다해야 합니다. 둘째, 믿음의 열매와 선행을 바르게 가르치는데 진력해야 합니다. 여기서 믿음과 관련된 내용은 죄와 율법의 의미, 죽음의 의미와 그 결과, 그리고 생명에 이르는 방법과 그 가운데 머무는 방법 등입니다. 바울은 모든 서신에서 우선 믿음에 관하여 가르치고, 이것을 통해 좋은 나무본질를 심습니다. 좋은 정원을 만들고자 하는 사람은 우선 좋은 나무를 심어야 합니다. 그 후에 좋은 나무로부터 좋은 열매가 나오게 되기 때문입니다. 그것처럼 바울은 먼저 우리가 좋은 땅과 나무를 조성하여 좋은 나무가 되는 방법, 다시 말해 믿고 구원받는 방법을 가르칩니다. 이에 관하여 바울은 로마서 12장 이전까지 다룹니다.

믿음의 열매인 선행

바울은 로마서 12장에서 시작하여 서신의 마지막까지 믿음의 열매들에 관하여 가르칩니다. 이는 우리가 단지 그리스도인이라는 이름만 가질 뿐, 진실하게 믿지 않는 잘못된 그리스도인이 되지 않도록 하기 위함입니다. 그것은 바로 선행에 관한 설교입니다. 즉 하나님이 특히 십계명의 두 번째 돌판에서뿐만 아니라 첫 번째 돌판에서도 명령하신 내용입니다. 하나님 아들의 피와 죽음으로 구원받은 이후, 우리는 이 덧없는 삶에 속하지 않고 하늘의 삶에 속한 자로서 경건하게 사는 것을 생각해야 합니다. 바울이 짧게 말하는 것처럼, 우리는 믿음을 가진 이후 세상을 본받아서는 안 됩니다.

> 너희는 이 세대를 본받지 말고 오직 마음을 새롭게 하라! 내게 주신 은혜로 말미암아 너희 각 사람에게 말하노니. 롬 12:2-3

바울은 그리스도인들에게 말하고 있습니다. 바울은 서신 마지막까지 우리가 행해야 할 선행들을 열거합니다. 우선, 그리스도인들이 맺어야 할 선한 열매들을 제시합니다. 이것은 세례를 통하여 속하게 되는 교회 정부^{영적 왕국} 외에 다른 정부는 세상에 없다는 것을 의미합니다. 그 후에 비로소 로마서 13장에서 바울은 세상 당국에 관하여 말하고, 14장에서 믿음이 강한 자는 약한 자를 받아들여야 한다고 권면합니다.

이미 죄는 용서되었지만 아직 완전히 깨끗해진 것은 아니다

바울은 그리스도인들의 행위를 가르칩니다. 우리는 주님이신 그리스도를 통하여 부유하게 되었고, 마귀와 세상의 권세에서 벗어나 하나님의 지배 아래로, 다시 말해 교회로 옮겨졌기 때문입니다. 우리는 말씀과 성례전을 갖고 있으며 세례를 받았습니다. 우리는 하나님의 자녀요 상속자이고, 영원히 살게 되고, 그리스도의 형제이자 협력 상속자입니다. 그러므로 우리는 주의하여 영광스러운 부르심과 우리에게 선사된 은사에 대해 바르게 순응하는 것이 필요합니다. 왜냐하면 세례 후에도 여전히 옛 아담의 많은 부분이 남아 있기 때문입니다.

이미 말한 것처럼, 죄는 세례를 통해 완전히 용서되지만, 우리는 아직 전적으로 깨끗하지는 않습니다. 그것은 강도에 의해 거의 죽도록 맞은 자를 여관으로 데려간 선한 사마리아인의 비유^{눅 10:29 이하}와 같습니다. 사마리아인은 그를 그 자리에서 단번에 완전히 치료하고 돌본 것이 아니라, 우선 그의 상처를 싸매고 거기에 기름과 포도주를 부었습니다. 강도를 만난 사람은 두 가지 피해를 입었습니다. 그는 가지고 있는 모든 것을 빼앗기고 약탈당하였습니다. 그리고 상처가 나도록 맞아 거반 죽게 되었습니다. 사마리아인이 지나가지 않았다면, 그는 죽을 수밖에 없었을 것입니다. 그렇게 아담은 살인자들을 만났고 죄를 우리 모두에게 남겼습니다. 만일 그리스도가 우리를 싸매어 교회로 이끄시고 우리의 상처를 치유하는 사마리아인으로서 오시지 않았다면, 우리는 파멸했을 것입니다. 우리는 이제 좋은 의사의 돌봄 가운데 있습니다. 죄는 전적으로 용서되었지만, 아직 완전히 제거된 것은 아닙니다. 우리는 아직 전적으로 깨끗한 것은 아닙니다. 성령이 인간을 다스리지 않으시면, 인간은 다시 부패하게 됩니다. 우리는 구원받았지만, 성령이 날마다 상처를 깨끗하게 하셔야 합니다.

이성에 속지 말라

이 세상에서의 삶은 병원입니다. 죄는 용서되었으나, 완전히 치유된 것은 아직 아닙니다. 그러므로 우리는 설교해야 하고, 각자 이성에 속지 않도록 스스로 주의해야 합니다. 열광주의자들이 하는 것을 보십시오![17] 그들은 말씀과 믿음을 받아들였지만 오류에 빠지게 됩니다. 세례에 자신들의 이성적인 판단을 추가하기 때문입니다. 이성은 아직 깨끗하지 않습니다. 이성은 영적인 일들을 지혜롭게 판단하고자 하고 자신의 지혜로 성서와 믿음에 능통 하고자 하지만 이것은 결국 이단의 출현을 가져옵니다. 만일 우리가 아주 정결하다면 설교직이 필요하지 않을 것입니다. 만일 우리가 아주 깨끗하다면, 하늘에 있는 천사에게 교사가 필요하지 않은 것처럼 우리는 권면 받을 필요가 없고 오히려 스스로 모든 것을 행할 수 있을 것입니다. 그러나 우리는 아직 수치스러운 육체, 즉 벌레들이 곧 먹어버리게 되고 지옥에서 영원히 불타게 될 육체를 갖고 있기 때문에, 우리에게는 설교와 교사들이 필요합니다.

아름다운 창녀, 이성

우상숭배, 큰 악덕, 폭음과 간통은 사람들이 인식할 수 있습니다. 그러나 마귀의 배우자인 이성, 즉 아름다운 창녀가 우리 안으로 들어와서 영리한 체하고 스스로 말하는 모든 것이 성령이라고 착각하게 한다면, 누가 도움을 줄 수 있을까요? 어떤 법학자도, 의사도, 왕도, 황제도 도울 수 없습니다. 왜냐하면 이성은 마귀가 소유한 최고의 창녀이기 때문입니다. 다른 큰 죄들은 사람들이 인식할 수 있지만, 이성은 누구도 통제할 수 없습니다. 이성은 사람들열광주의자에게 다가와 세례와 성례전으로 열광주의를 불러일으킵니다. 그들은 생각나는 것과, 마귀가 그들 마음에 주는 모든 것을 성령이라고 주장합니다. 그러므로 바울은 다음과 같이 말합니다.

> 나는 사도요 하나님이 성령을 주셨기에 여러분에게 권합니다.참
> 조. 롬 12:1; 고전 4:16; 고전 7:40

죄는 용서되었으나 육신의 정욕은 여전히 있다

당신은 "내가 그리스도인이 아닙니까?"라고 이의를 제기할 것입니다. 당신 말이 맞습니다. 그러나 당신 자신을 유념하기 바랍니다. 죄는 아직 깨끗하게 제거되거나 청소된 것이 아니기 때문입니다. 저는 부모가 아픈 자녀에게 "네가 아버지나 어머니의 병을 느끼지 못

한다는 것은 불가능하다"육적인 본성은 인간 안에 내재해 있다라고 말하는 것은 당연합니다. 만약 당신이 정욕을 따른다면, 당신은 우상숭배와 음란에 빠지게 될 것입니다. 여기서 복음은 다음과 같이 권고합니다.

> 그것을 행하지 말라. 너의 정욕을 좇지 말라. 죄는 용서되고 속죄되었지만, 네가 은혜 안에 머무르는 조건에서 그런 것이다.

이와 마찬가지로 우리의 육신 안에 달라붙어 있는 남아 있는 악은 용서되었으나 아직 깨끗하게 제거된 것은 아닙니다. 그 더러움은 강도 만난 자의 상처처럼 앞으로 제거되어야 합니다. 저는 모든 사람은 커다란 악인 육적인 정욕을 느낀다는 사실을 이런 의미로 말하는 것입니다. 그러나 만일 신앙인이 자신을 유혹하는 마귀에 대적하라는 하나님의 권고를 좇지 않는다면, 그의 죄는 용서되지 않은 것입니다.

이성이라는 우상숭배에 대한 싸움

육적인 정욕의 죄에 관해 말하는 것처럼, 또한 이성에 관하여 말해야 합니다. 왜냐하면 이성은 영적인 일들에 있어서 하나님에 대해 눈멀게 하고 수치스럽게 하기 때문입니다. 육적인 정욕이 내 몸을 다루는 것처럼 이성은 매춘부보다 더 끔찍한 창녀의 악과 수치스러운 욕정을 갖고 있기 때문입니다. 우상 숭배자들은 우상을 뒤따라 갑니다. 선지자들이 말하는 것처럼 '모든 푸른 나무 아래에서' 음녀를 몰아내는 자가 음녀를 뒤따르는 것과 같습니다. 참조. 호 4:12 이하; 렘 2:20; 왕상 14:23 성서는 우상숭배를 매춘이라 부릅니다. 이것은 바로 이성이 지닌 거룩함과 지혜를 의미합니다. 선지자들은 우상숭배, 즉 아름다운 창녀와 씨름하지 않았습니까! 이 창녀는 쉽게 붙잡을 수 없는 야생의 존재입니다. 우리는 스스로 최고의 의와 지혜라고 생각하는 이성의 어리석음을 용서할 수 있습니다. 또한 이성을 은폐하고 제한할 수 있습니다. 그럼에도 불구하고 이성이 하나님의 일에 있어서 지혜롭고자 하는 것은 허용할 수 없습니다. 우리는 다음과 같이 말한 선지자들처럼 이성을 경계해야 합니다.

> 산 위에서나 골짜기에서나 나무 아래서 하나님을 섬기는 것이 아니라, 하나님에 의해 예배를 위해 정해진 곳, 그의 말씀이 있는 곳 예루살렘에서 하나님을 섬기라. 신 12:2 이하

이것에 대항하여 이성은 다음과 같이 말합니다.

> 나는 부르심을 받았고 할례를 받았으며 예루살렘으로 가라고 명령받았다. 하지만 여기에는 아름다운 목장이 있고 저기에는 장엄한 산이 있다. 내가 여기서 예배를 드린다면, 그것은 하늘에 계신 하나님과 모든 천사의 마음에 들 것이다. 하나님이 단지 예루살렘에만 묶여 있는 존재이시겠는가?

이성의 이러한 지혜를 선지자들은 우상숭배라고 말하고, 바울 역시 그렇게 말합니다.

이성의 오류

우리는 "하나님 아버지와 예수 그리스도를 믿는다"라고 말합니다. 이처럼 우리가 주 예수 그리스도의 아버지이신 하나님만을 경배해야 한다는 믿음을 설교한다면, 우리는 예루살렘 성전에 머무는 것입니다. "이는 내 사랑하는 아들이니 너희는 그의 말을 들으라,"마 17:5 "너희는 그가 구유에 누워있는 것을 보게 될 것이다"눅 2:12라는 말씀처럼 그리스도만이 홀로 행하셔야 합니다. 그러나 이성은 반대로 말합니다.

> 무엇이 우리와 상관이 있습니까? 오직 그리스도만을 숭배해야 합니까? 아, 그리스도의 어머니에게는 경의를 표해서는 안 되나요? 마리아는 뱀의 머리를 깨뜨린 여인이지 않습니까?[18] 그러므로 사랑하는 마리아여, 우리의 청을 들어주세요! 당신의 아들이 당신에게 경의를 표하지 않습니까! 그는 당신에게 어떤 것도 거절하지 않습니다.

성 버나드1090-1153는 "가브리엘 천사가 보내어졌다"눅 1:26 이하라는 복음에 관하여 수차례 설교하였습니다. 그가 가진 의도는 다음과 같습니다.

하나님은 부모님을 공경하라고 명하셨다. 그러므로 나는 마리아를 부를 것이다. 그녀는 나를 위해 아들에게 부탁할 것이고, 아들은 아버지에게 간청할 것이다. 결국 아버지는 아들의 말을 들으실 것이다.

이것은 화가 난 아버지와 심판자 그리스도를 묘사하는 그림에서 볼 수 있습니다. 여기서 어머니는 그리스도에게 자신의 가슴을 보이고, 그리스도는 화가 난 아버지에게 자신의 상처를 가리키십니다. 이것이 아름다워 보이는 신부인 이성의 지혜가 수행하는 일이며, 이성은 다음과 같이 우리를 설득하고자 합니다.

마리아는 그리스도의 어머니이다. 분명 그리스도는 그녀의 말을 들으실 것이다. 그리스도는 엄격한 재판장이시지만 나는 성자 게오르그Georg 19)나 크리스토포로스Christophorus 20)에게 간청할 수 있을 것이다.

그러나 아닙니다. 유대인들이 하나님의 명령으로 할례를 받은 것처럼 우리는 아버지와 아들과 성령의 이름으로 세례를 받았습니다. 그러나 유대인들은 마치 예루살렘이 하나님께 너무나 좁기라도 하듯이 전 지역에서 스스로 택한 예배를 드렸습니다. 우리도 역시 그렇게 하고 있습니다. 따라서 젊은이가 감각적인 욕구를 제어하고 노인이 탐욕을 제어해야 하는 것처럼, 본성상 음탕한 이성 역시 절제되어야 합니다. 이성에 저항해 싸운다면, 이성은 어떤 해도 끼치지 못할 것입니다.

어린이의 믿음만으로도 이성에 저항할 수 있다

이성은 너무나 예쁘고 그 빛은 시선을 사로잡을 만하므로, 바른 설교가들이 있어야 하며 사람들에게 어린아이의 믿음교리문답에 근거한 기독교 신앙고백을 가르쳐 주어야 합니다.

> 나는 성령에 의해 잉태되어 동정녀 마리아에게서 태어나신 예수 그리스도를 믿습니다. 그리고 세상 죄를 지고 가는 하나님의 양을 믿습니다.

그런데 우리의 이성은 여기에 다음을 기꺼이 추가하고 싶어 합니다.

> 나는 성자 게오르그와 크리스토포로스를 믿는다.

그러나 결코 안 됩니다. 왜냐하면 오직 그리스도만 말해졌기 때문입니다.

너희는 그를 들을지어다.^{마 17:5}

또한 다음 사실도 그리스도에 대해서만 말하는 것입니다.

보라, 세상 죄를 지고 가는 하나님의 어린 양이로다.^{요 1:29}

이것은 마리아에 대해서도, 천사에 대해서도, 가브리엘에 대해서도 말하는 것이 아닙니다. 그러므로 저는 어린아이의 믿음에 머물러야 합니다. 이것으로 저는 이성에 저항할 수 있습니다.

재세례파와 성례주의자들의 이성에 따른 오류

이것은 재세례파에게도 비슷하게 적용됩니다. 그들이 "세례는 단지 물이다. 돼지와 소가 마시는 물이 어떻게 그렇게 큰 일을 할 수 있는가? 성령이 그것을 해야만 한다"라고 말할 때, "너, 닳아빠진, 나병에 걸린 창녀여, 너 거룩한 이성이여 들으라!"라고 말해야 합니다. "너희는 그리스도의 말을 들어야 한다"라고 성서에 쓰여 있기 때문입니다. 그리스도가 무엇이라고 말씀하셨습니까? "온 세상으로 가서 모든 민족에게 세례를 주라! 믿고 세례를 받는 자는 구원을 받을 것이기 때문이다"^{마 28:19; 막 16:16}라고 말씀하셨습니다. 세례는 단순히 물이 아닙니다. 세례는 거룩한 삼위일체 하나님의 이름으로 당신에게 주어졌습니다. 그러므로 당신은 이성을 제어하도록 주의해야 합니다. 이성의 그럴듯한 아름다운 생각을 뒤따라서는 안 됩니다. 오히려 이성의 면전에 오물을 던져서 이성이 창피를 당하도록 하기 바랍니다. 그리고 이성에게 "너는 삼위일체 하나님의 비밀과 네 죄를 씻으신 예수 그리스도의 피를 기억하지 못하는가?"라고 말하기 바랍니다.

성례주의자들[21]은 거룩한 성만찬에 대해서도 동일하게 말합니다.

빵과 포도주가 무슨 도움이 되는가? 전능하신 하나님이 어떻게 자신의 몸을 빵 한 조각으로 주실 수 있는가?

저는 그들이 자기 오물을 먹었으면 좋겠습니다. 그들은 누구에게도 놀림 받지 않을 정도로 너무나 영리합니다. 만일 한 사람이 그들을 절구통에 넣고 일곱 개의 큰 절구로 찧는다고 해도 그들의 미련함은 벗겨지지 않을 것입니다. 이성은 세례에서 익사되어야 하고 또 익사됩니다. "받아먹으라. 이것은 너희를 위하여 주는 내 몸이다. 너에게 분배되는 이 빵은 나의 몸이다. 이것을 받아먹으라"라고 말하는 사랑스러운 아들에 귀 기울이기만 하면 이성의 어리석은 지혜는 어떤 해도 끼치지 않을 것입니다. 저는 이성과 그 지혜를 발로 밟고 다음과 같이 말합니다.

너 저주받은 창녀여, 입 다물어라! 너는 나를 유혹하여 나로 하여

금 사단과 간음을 하도록 한다.

그렇게 아들의 말씀을 통하여 이성은 정화되고 바르게 기능하게 됩니다.

그리스도의 말씀에 대한 믿음이 싸움을 하도록 무장시킨다

선지자들이, 하나님이 하시는 것보다 더 잘하려고 하는 궤변가들, 방탕한 우상숭배자들을 대한 것처럼, 우리는 열광주의자들을 대해야 합니다. 우리는 그들에게 다음과 같이 말해야 합니다.

> 나는 신랑이 있는데, 나는 그의 말을 들을 것이다. 너희 지혜는
> 매우 어리석다. 나는 너희 지혜를 부수고 발로 밟을 것이다.

이러한 싸움은 마지막 날까지 계속됩니다. 바울은 우리가 낮은 차원의 욕망뿐만 아니라 높은 차원의 욕망도 억누르기를 바라고 있습니다. 간음하고픈 생각이 들게 되면, 그것을 죽이십시오! 그리고 영적인 간음에 대해서는 더욱 그리하기 바랍니다. 사람은 자신의 지혜에 대한 열망을 가질때 가장 마음에 들어합니다. 헬라인들은 그것을 자기애philautia라고 말합니다. 탐욕자의 욕망은 이러한 악덕에 반대하지 않습니다. 자신의 자만이 진심으로 그의 맘에 들게 됩니다. 그런 후에 그럴싸하게 좋은 생각을 성서 안으로 가져갑니다. 그것은 마귀

와 다를 바가 없습니다. 이러한 죄는 용서되지만 아직 제거되지 않았기 때문에 오늘까지 여전히 내 안에 남아 있습니다. 만일 우리가 죄를 지배자로 삼는다면, 우리는 분명 즉시로 바른 가르침을 잃게 됩니다. 아무리 사람들이 설교를 듣는다고 해도, 그리스도는 떠나가 버리십니다. 그들은 산 위에서 마귀 앞에 무릎을 꿇게 됩니다.참조. 마 4:8-9

마귀는 이성을 통해 활동한다

바울은 다음과 같이 말합니다.

> 내게 주신 은혜로 말미암아 너희 각 사람에게 말하노니 마땅히 생각할 그 이상의 생각을 품지 말고 오직 하나님이 각 사람에게 나누어 주신 믿음의 분량대로 지혜롭게 생각하라.롬 12:3

이것은 여러분이 다른 커다란 죄들뿐만 아니라 여러분 안에 교만을 품고 있다는 의미입니다. 그러므로 여러분 자신의 생각과 영리함을 조심해야 합니다. 재세례파와 성례주의자들처럼, 마귀는 이성의 불을 점화하고 여러분을 믿음으로부터 끌어내릴 것입니다. 더 많은 이단의 주동자들이 우리 앞에 있습니다.

저는 삼십 명이 넘는 열광주의자들을 만났습니다. 그들은 모두 나를 가르치려고 하였습니다. 그러나 저는 "너희는 그의 말을 들으라"

마 17:5라는 말씀으로 반박하였습니다. 이 말씀을 통하여 하나님의 은혜가 지금까지 저를 지탱해 주셨습니다. 그렇지 않았다면, 저는 서른 종류의 믿음을 받아들여야만 했을 것입니다. 이단자들은 항상 불화와 기만을 추구합니다. 저는 그들에게 다음과 같이 대답합니다.

우리는 그것을 하지 않을 것이다. 하나님이여, 우리를 도우소서!

그러면 그들은 우리에게 "아, 너희는 교만한 멍청이들이다"라고 말할 것입니다. 하지만 저는 "그의 말을 들으라"라고 말씀하신 분의 입에서 한 치라도 벗어나기보다는, 오히려 그들의 모든 비난의 말을 참겠습니다. 만일 하나님이 우리에게 신실한 봉사자를 주시지 않는다면, 마귀는 우리의 교회를 종파주의자들을 통하여 부수며 또한 이 일을 성취할 때까지 쉬지 않을 것입니다. 마귀는 오로지 이것만을 마음에 품고 있습니다. 만일 마귀가 교황과 황제를 통하여 그것을 할 수 없다면, 오늘날 우리의 가르침(교리)과 일치한 자들을 통하여 이 일을 할 것입니다. 그러므로 하나님이 우리에게 순전한 교사들을 주시도록 진심으로 기도합시다!

우리는 이 세상의 신이 교황과 황제와 지식 있는 학자들을 통해 우리를 두렵게 한다는 사실을 보지 못하고 여전히 안심하고 있습니다. 이 학자들은 우리가 이것을 양보하든 저것을 양보하든 그것이 무슨 손해가 되느냐고 말합니다. 우리는 머리털만큼도 양보해서는 안 됩니다. 그들이 우리와 함께 그 가르침을 유지한다면, 좋습니다. 만일 그렇지 않다면, 그들로 자기 길을 가도록 하십시오. 저는 가르침을 그들에게서 받은 것이 아니라, 하나님으로부터 은혜로 받은 것입니다. 저는 경험을 통해 교훈을 얻었으며 마귀가 어느 쪽으로 가고자 하는지 압니다. 그러므로 하나님이 여러분에게 말씀을 맡기시도록 진심으로 간청하기 바랍니다. 놀라운 일이 일어날 것입니다. 법률가들과 세상 현자들은 "아, 너희는 거만하다. 너희의 옹고집으로 단지 반란과 전쟁이 나올 뿐이다"라고 말합니다. 우리의 주 하나님이 도우셔서 그러한 위험한 시련에서 위로받도록 하옵소서!

믿음의 분량대로

당신은 다른 사람보다 탁월한 은사들에 대해 기꺼이 자랑할 수 있으며 그것에 관해 하나님께 감사해야 합니다. 그러나 자신을 너무 자랑하지 말고, 은사가 단지 믿음에 일치하고 믿음과 같다는 사실을 자랑하기 바랍니다. 선한 생각이 들면 저는 그것을 배척하지 않고 어느 정도 인정하려 합니다. 그러나 바울은 분수대로 행하되, 그것을 통하여 잘못된 길로 빠지지 말라고 말합니다.

제 생각이 얼마나 유효한지 어떻게 알 수 있습니까? 바울은 '믿음의 분량대로'믿음에 일치하여, 롬 12:6라고 말합니다. 당신은 자신의 거만한 생각을 억제해야 합니다. 육 안에 있는 악한 욕망을 제어해야 하듯이, 이성 역시 그렇게 해야 합니다. 이성의 망상이 원죄입니다. 따라서 당신은 이 처녀나 다른 처녀에게 욕망을 가지되 적절해야 합니다. 이것은 무슨 의미입니까? 처녀를 사랑하되,(또는 당신이 처녀라면, 남자 청년을 사랑하되) 당신은 그녀(또는 그)를 결혼을 위해서만 갈망하기 바랍니다. 왜냐하면 여섯째 계명은 금지된 사랑을 거절하기 때문입니다. 악한 욕망은 본성적으로 남아 있습니다. 그러나 당신이 그 욕망을 적절히 억제한다면, "나는 그녀를 사랑하고자 하는데, 간음이 아니라 결혼을 위해서이다"라고 말한다면, 욕망은 선을 지킨 것이 됩니다. 그 욕망은 하나님의 계명과 모순되지 않습니다. 여섯 번째 계명은 욕망이 어느 정도 이루어져야 하는지에 대한 척도입니다.

지옥에 속한, 매춘부 같은 욕망에 대해서도 그렇게 하기 바랍니다. 만일 당신이 교황제도 안에서 모든 것이 훌륭하게 이루어졌다고 즐거워하고 기뻐한다면, 그런 망상에 빠져있다면, 욕망의 목에 곤봉을 매달기 바랍니다. 욕망이 넘어서지 못할 한계를 정하기 바랍니다. 욕망에 굴복하지 말고, 오히려 오만함의 지배자일 뿐만 아니라 우리가 갖고 있는 모든 은사의 최고 통치자인 믿음 아래 머물기 바랍니다. 모든 것은 믿음 아래에 있어야 하고, 아름다워 보이는 생각은 믿음보다 더 영리해서는 안 됩니다. 그 생각이 믿음과 일치하는지 주의하기 바랍니다.

이성은 믿음에 복종해야 한다

열광주의자나 성례주의자는 다음과 같이 말할 것입니다.

> 성만찬에는 단지 빵과 포도주가 있을 뿐이다.

> 하나님이 당신의 말에 근거하여 하늘로부터 내려와 당신의 입이나 배에 머무시겠는가?

이런 말을 들으면 다음과 같이 대답하기 바랍니다.

> 당신의 말은 내 마음에 든다. 마귀는 얼마나 유식한 신부를 갖고 있는가? 그러나 당신은 '이는 내 사랑하는 아들이니 너희는 그의 말을 들으라'라는 말씀에 무엇이라 말하겠는가? 그리스도는 또한 '이것은 내 몸이다'라고 말씀하셨다. 당신의 망상과 당신의 이성과 함께 은밀한 방으로 빨리 떠나라. 저주받은 창녀여 들으라, 너는 주님의 식사에 참된 몸과 참된 피가 있으며 세례는 단지 물이 아니라 아버지와 아들과 성령의 물이라고 선언하는 믿음에 대한 스승이고자 한다. 하지만 당신의 이성은 믿음에 굴복해야 한다.

또한 우리가 교만하므로 굴복해야 한다고 말하는 자들에게도 마찬가지로 대답하기 바랍니다. 우리는 우리 자신을 판단할 때 무엇에 따라야 합니까? 육적인 것인가요? 아닙니다. 믿음에 따라야 합니다. 그러나 당신의 생각은 믿음의 척도에 위배 되지 않는 한 허용됩니다. 그렇지만 이러한 믿음을 노예로 만들거나 그리스도를 하늘로부터 추방해서는 안 됩니다. 그리스도의 신성을 빼앗아서는 안 된다

그래서 바울은 우리가 악한 욕망에 저항해야 한다고 권면한 것입니다. 단지 저급하고 사소한 욕망뿐만 아니라, 커다란 욕망의 목에 믿음에 관한 말씀을 매달고 다음과 같이 말해야 합니다.

> 이성, 너는 영리하다. 너는 나를 아름다운 산 위로 인도하여 거기에서 하나님의 계명을 어기며 마귀를 숭배하게 하지 않는가? 그러나 아니다. 나는 예루살렘에서 예배할 것이다. 백성이 다른 곳에서 예배하는 것에 난 관심이 없다. 하나님은 푸른 나무 아래에서의 예배를 금지하셨기 때문에, 나 역시 그 일을 하지 않을 것이다. 나는 하나님이 그의 아들의 어머니를 통해서도 도우실 수 있다는 것을 안다. 그러나 하나님은 그의 아들을 통해서만 돕고자 하신다. 나는 나의 모든 신뢰와 소망을 이 아들에게만 둘 것이다.

하나님은 "만일 네가 성자에게 주기도문으로 기도한다면, 너는 구원받게 될 것이다"라고 말씀하실 수도 있습니다. 그러나 하나님은 당신이 그렇게 하기를 원하시지 않습니다. 오히려 그것을 금지하셨습니다.

이것이 바로 바울이 오늘 본문 말씀에서 말하고자 하는 악한 불행입니다. 우리는 거친 욕망을 조심해야 할 뿐만 아니라, 믿음의 일치를 깨뜨리고 간음, 즉 우상숭배를 일으키는 심각한 욕망을 조심해야 합니다.

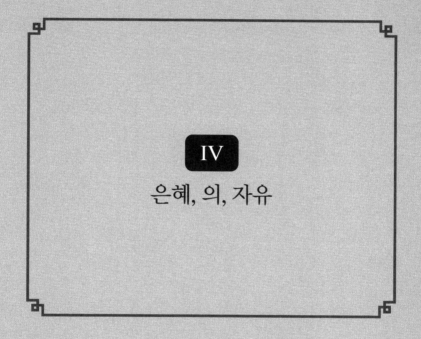

IV

은혜, 의, 자유

13. 은혜와 자유의지

성경본문: 마태복음 16장 13-19절

"예수께서 빌립보 가이사랴 지방에 이르러 제자들에게 물어 이르시되 사람들이 인자를 누구라 하느냐. 이르되 더러는 세례 요한, 더러는 엘리야, 어떤 이는 예레미야나 선지자 중의 하나라 하나이다. 이르시되 너희는 나를 누구라 하느냐. 시몬 베드로가 대답하여 이르되 주는 그리스도시요 살아 계신 하나님의 아들이시니이다. 예수께서 대답하여 이르시되 바요나 시몬아 네가 복이 있도다. 이를 네게 알게 한 이는 혈육이 아니요 하늘에 계신 내 아버지시니라. 또 내가 네게 이르노니 너는 베드로라 내가 이 반석 위에 내 교회를 세우리니 음부의 권세가 이기지 못하리라. 내가 천국 열쇠를 네게 주리니 네가 땅에서 무엇이든지 매면 하늘에서도 매일 것이요, 네가 땅에서 무엇이든지 풀면 하늘에서도 풀리리라 하시고."

설교

오늘 본문 말씀은 라이프찌히 토론의 모든 내용을 포함하고 있습니다.[22] 여기에서는 무엇보다도 두 가지 사항을 말하고 있습니다. 첫째는 하나님의 은혜와 우리의 자유의지이고, 둘째는 성 베드로의 권세와 천국 열쇠입니다.

첫째 부분: 하나님의 은혜와 인간의 자유의지

하나님 계시를 통해서만 그리스도를 알 수 있다

말씀의 첫째 부분은 위대한 현인들과 성자들을 비판하고 넘어뜨리고자 합니다. 왜냐하면 이들은 자신들의 기술과 행위를 통해 모든 것을 이룰 수 있다고 생각하기 때문입니다. 하지만 주님은 혈과 육에 속하는 것이나 혈과 육이 할 수 있는 것은 모두 헛되다고 가르치십니다. 누구도 혈과 육으로는 그리스도를 알 수 없고, 하늘에 계신 아버지께서 (오늘 말씀에서 성 베드로에게 하시듯이) 그리스도를 계시하셔야만 알 수 있기 때문입니다. 이것은 다음 사실을 통해서도 증명될 수 있습니다. 예수님이 사람들이 자신에 대해 어떻게 말하는지 질문하셨을 때, 어떤 분명하고도 확고한 대답이 아닌 다양하고 분명치 않은 의견과 생각만이 말해졌습니다. 이러한 사실로부터 우리는 하나님 은혜가 없다면 인간은 갈팡질팡 헤매며 확고하지 못한 하나님 상(像)을 갖게 된다는 것을 알 수 있습니다. 하나님 아버지께서 계시해 주셔야만 예수님이 누구신가를 알 수 있는 것입니다.

자유의지로 선을 행할 수 없다

사람들이 임의로 찬양하고 높이 평가하는 인간의 자유의지는 스스로는 어떤 것도 행할 능력이 전혀 없고 선한 것을 자유로이 깨닫거나 행할 수도 없습니다. 이에 이 모든 것은 오직 하나님의 은혜 안에서만 가능하다는 사실을 우리는 깨달을 수 있습니다. 하나님의 은혜가 인간의 자유의지를 자유하게 하기 때문입니다. 하나님의 은혜 없이는 자유의지는 죄와 잘못에 사로잡혀서 이것으로부터 스스로 풀려날 수 없습니다. 예수님은 요한복음 8장에서 "진리가 자유케 하면 너희들은 자유하다. 그러나 죄를 짓는 자는 죄의 종이다"요 8: 32, 34, 36라고 말씀하셨습니다. 사도 바울도 로마서 3장에서 다음과 같이 말합니다.

> 세상에 의로운 사람, 하나님을 이해하는 사람, 선을 행하는 사람은 하나도 없으며 모든 사람은 하나님의 은혜가 필요하다.롬 3:10-12, 24

우리는 스스로 선한 일을 시작하고 싶어 합니다. 그런데 왜 예수님은 우리에게 은혜를 구하라고 하시고 주기도문을 통해 "당신의 뜻이 하늘에서 이룬 것 같이 땅에서도 이루어지이다"라고 우리를 가르치시는 것일까요? 이는 우리가 자유의지로는 하나님의 뜻을 행할 수 없다는 것을 증명하는 것입니다.

하나님 은혜 없는 자유의지

또한 하나님의 은혜가 함께 하지 않는 한, 자유의지에 관하여 바르게 말하거나 이해할 수 없습니다. 하나님의 은혜가 없다면, 이 자유의지는 오히려 자기 자신의 의지라고 불려야 할 것입니다. 왜냐하면 하나님의 은혜가 없는 자유의지는 하나님의 뜻을 행하는 것이 아니라 결코 선하지 않은 자신의 뜻을 행하기 때문입니다. 자유의지는 아담에게서는 자유하였지만 아담의 타락 이후 변질되고 죄에 사로잡혔습니다. 그럼에도 불구하고 우리는 지금도 자유의지라는 이름을 갖고 있는데, 왜냐하면 한때 자유로웠고, 다시 하나님의 은혜로 자유롭게 될 것이기 때문입니다.

의와 선행의 출발점

사람이 어떻게 의롭게 되고 선한 일을 행하는가라는 보편적인 질문에 대해 알고 싶다면, 이미 말한 것처럼 인간 스스로는 의롭게 되거나 선한 일을 행할 수 없다는 사실을 아는 것이 중요합니다. 그러므로 인간은 자신에 대해 절망해야 하며, 자신의 손과 발로는 속수무책임을 깨닫고 하나님 앞에서 자신이 쓸모없는 자임을 고백해야 합니다. 그리고 확고하게 신뢰해야 하는 하나님의 은혜를 간청해야 합니다. 누군가 이것과 다른 출발점을 가르치거나 찾는 자는 잘못된 길에 든 것이며 자신과 다른 사람을 그릇된 길로 인도하는 것입니다. 이들은 "아니, 당신은 자유의지를 갖고 있지 않습니까? 당신의 능력이 되는 한 행하십시오. 그러면 하나님이 그의 일을 행하실 것입니다"라고 말합니다. 이들은 또한 사람들이 절망하지 않도록 해야 한다고 생각합니다. 물론 사람들을 절망시켜서는 안 됩니다. 그러나 중요한 일은 절망을 바르게 묘사하는 것입니다. 누구도 하나님의 은혜에 대해서 절망해서는 안 됩니다. 모든 세상적인 것과 죄들에도 불구하고 하나님의 도움을 확고하게 신뢰해야 합니다. 하지만 자신에 대해서는 전적으로 낙담해야 합니다. 매우 사소한 일을 할 때라도 자유의지를 신뢰해서는 절대 안 됩니다.

하나님 은혜를 받은 자

성 제롬St. Jerome, 347-420은 오늘 말씀에 대해 적절하게 말했습니다. 그리스도가 제자들에게 사람들이 자신에 대해 누구라고 말하는지 물으시고, 그런 후에 마치 제자들이 다른 사람들과 구별되는 것처럼 그들에게도 자신에 대해 누구라 생각하는지 물으셨다는 사실을 주목해야 한다고 말했습니다. 하나님 은혜의 도움을 받은 사람은 일반 사람보다 뛰어난 존재이기 때문입니다. 사실, 하나님의 은혜는 그에게 하나님의 형상을 부여하고 그를 하나님처럼 만듭니다. 성경도 그 사람을 하나님 또는 하나님의 아들이라고 부릅니다. 따라서 의롭게 되고자 한다면 혈과 육을 벗어 버리고 보통 사람 이상이 되어야 합니다. 이것은 우선 우리 스스로는 불가능하다는 것을 깨닫고 겸손히 하나님의 은혜를 구하며 자신에 대해 철저하게 절망할 때 시작됩니다.

그런 후에 비로소 선한 행위가 따릅니다. 하나님의 은혜가 주어질 때, 당신은 자유의지를 갖게 됩니다. 그런 후에 당신의 능력을 행하기 바랍니다.

하나님 은혜를 받을 준비

진실한 마음으로 자신의 무능력을 깨닫고 자신에 대해 완전히 절망한 사람이 간청하는 은혜를 하나님이 거절하신다는 것은 불가능한 일입니다. 자신의 무능을 깨닫고 자신에 절망하는 것이야말로 은혜를 준비하는 가장 중요한 태도입니다. 이것을 마리아도 가르치며 말합니다.

> 주리는 자를 좋은 것으로 배불리셨습니다. 눅 1:53

우리는 이러한 사실을 설교해야 합니다. 사람들을 우선 자신에 대한 잘못된 신뢰에서 벗어나게 하고, 그 다음에 선행으로 충만하게 해야 합니다. 사람들은 우리에게 많은 선행을 행하라고 가르치지만, 선행의 출발점에 대해서는 거의 가르치지 않습니다. 중요한 것은 선행보다 이 선행의 출발점입니다. 시작이 좋지 않으면 결말도 좋지 않게 되는 경우가 대부분이기 때문입니다. 반대로, 하나님의 은혜가 있다면 선한 행위들은 전적으로 저절로 뒤따라오게 됩니다.

이러한 절망과 은혜에 대한 갈망은 한 시간 또는 어느 기간에만 계속되다가 중단되어서는 안 됩니다. 오히려 이 땅에 사는 동안 우리의 모든 행위와 말과 생각은 항상 우리 자신에 절망해야 하고 하나님의 은혜를 갈망하고 학수고대해야 합니다. 이에 대해 선지자도 시편 42편에서 말합니다.

> 하나님이여, 사슴이 시냇물을 찾기에 갈급함 같이 내 영혼이 주를 찾기에 갈급하나이다. 내 영혼이 하나님 곧 생존하시는 하나님을 갈망하나니, 내가 어느 때에 나아가서 하나님 앞에 뵈올꼬.
> 시 42:1-2

하나님과 의로움에 대한 갈망은 하나님의 은혜로 주어지며 죽을 때까지 계속됩니다. 그러므로 이것과 함께 자신에 대한 절망은 지속되어야 하고 잘못된 자기 신뢰는 버려야 합니다.

둘째 부분: 성 베드로의 권세에 대하여

매고 푸는 열쇠의 권세

평신도에게 성 베드로 또는 교황의 권세에 대해 많이 얘기하는 것은 그리 필요치 않습니다. 중요한 것은 구원을 위해 이것을 어떻게 사용할 것인지를 아는 일입니다. 매고 푸는 열쇠가 성 베드로에게 주어졌다는 것은 분명 사실입니다. 하지만 그것은 베드로라는 개인에게 주어진 것이 아니라 기독교 교회의 모든 사람에게 주어진 것이며 바로 저와 여러분의 양심을 위로하기 위해 주어진 것입니다. 베드로 혹은 사제는 매고 푸는 직분을 수행하는 자요, 교회는 베드로 혹은 사제가 매고 푸는 권세를 가지고 섬겨야 할 여인이자 신부인 것입니다. 이러한 사실은 사제가 성례전을 원하는 모든 사람에게 베푸는 일반적인 관례에서 볼 수 있습니다.

열쇠를 사용하는 방법

그럼, 어떻게 하는 것이 이 열쇠를 복되게 사용하는 것일까요? 앞부분에서 말했듯이, 첫 번째로 의롭게 되기를 갈망하고 자신의 무능함을 인정함으로 은혜를 기꺼이 받고자 하는 자세가 필요합니다. 그 다음으로 중요한 것은 하나님의 은혜를 받았는지 받지 않았는지를 아는 일입니다. 왜냐하면 양심이 기뻐하고 당당히 서 있으려면 하나님을 어떤 분으로 생각해야 하는지 알아야 하기 때문입니다. 예를 들어, 어떤 사람이 은혜로운 하나님을 모시고 있음을 의심하거나 확고하게 믿지 못한다면, 그는 실제로 은혜로운 하나님을 갖고 있지 않은 것입니다. 믿는 대로 갖고 있는 것입니다. 그러므로 믿음을 통하지 않고서는 누구도 자신이 은혜 안에 거하고 있고 하나님이 자신에게 자비로우시다는 진리를 알 수 없습니다. 이러한 진리를 믿는다면 그는 복된 사람입니다. 반대로 믿지 않는다면, 그는 저주를 받은 것입니다. 왜냐하면 그러한 확신과 선한 양심은 하나님의 은혜를 우리 안에서 역사하게 하는 바르고 훌륭한 믿음이기 때문입니다.

이것이 바로 당신을 위해 매고 푸는 열쇠의 권세입니다. 이 일을 위해 사제들이 임명된 것입니다. 만약 여러분의 마음이 하나님 앞에서 은혜 가운데 있지 않은 것 같아 흔들리고 의심한다면, 지금이 바로 사제에게 가서 여러분의 죄에 대한 사면을 간청하고 열쇠^{죄를 사하는}의 권세와 위로를 구해야 할 때입니다. 그래서 사제가 사죄를 선언하고 여러분의 죄를 용서하면, 이미 여러 번 말한 것처럼 "당신의 죄들이 모두 사해졌고 당신은 은혜로운 하나님을 모시고 있습니다"라는 사실이 유효하게 됩니다. 이것이야말로 위안을 주는 하나님의 말씀입니다. 사제가 죄를 사할 때,^{사죄선언} 하나님은 하늘에서도 사해 주시는 분입니다.^{마 16:19}

그러므로 사제의 선언을 의심하기보다는 오히려 죽는 편이 낫다는 사실을 명심하기 바랍니다. 사제의 사죄 선언은 그리스도와 하나님의 판결이기 때문입니다.

열쇠의 권세를 믿음

여러분이 이 말씀을 믿을 수 있다면, 여러분의 마음은 기뻐서 웃고 사제의 권세를 좋아하며 사제라는 사람을 통해 당신의 양심을 위로하시는 하나님을 찬양하고 감사하게 될 것입니다. 반대로 여러분이 그것을 믿지 못하고 자신에게는 그러한 용서를 받을 자격이 없으며 아직도 충분히 선행을 하지 못했다고 생각한다면, 하나님께 그러한 믿음을 갖게 해달라고 구해야 합니다. 왜냐하면 그런 믿음의 소유 여부에 따라 구원과 영원한 멸망이 결정되기 때문입니다. 여러분이 간구하지 않는 것은 믿음에 대해서는 거의 배우지 못하고 행위에 대해서는 너무 많이 배웠다는 분명한 표시가 됩니다. 천 번이나 더 중요한 사실은 여러분이 어떻게 자격을 가지며 충분히 선한 행위를 할 수 있는가가 아니라, 여러분이 얼마나 확고하게 사제의 사죄 선언을 믿느냐 하는 것입니다. 진실로 이와 같은 믿음이 여러분을 자격이 있게 하고 여러분에게 참된 보상이 되는 것입니다. 그러므로 열쇠의 권세는 사제 자신을 돕는 것이 아니라, 죄 되고 어리석은 양심들을 돕는 것입니다. 이 양심들은 믿음을 통하여 은혜를 받으며 마음은 평화와 하나님에 대한 선한 확신을 갖게 됩니다. 그 결과, 모든 삶과 고난은 가벼운 것이 되며, 마음의 불안 때문에 결코 올바른 행위를 하지 않을 사람이, 기쁨을 갖고 은혜로운 하나님을 섬길 수 있게 됩니다. 이것이 바로 우리 주 예수 그리스도의 달콤한 짐을 의미합니다. ^{마 11:30}

하나님께 찬양과 영광을 돌립니다!

14. 그리스도인의 의

설교본문: 사도신경 성령 조항

"성령을 믿사오며 거룩한 공회와 성도가 서로 교통하는 것과 죄를 사하여 주시는 것과 몸이 다시 사는 것과 영원히 사는 것을 믿사옵나이다."

성령 조항의 필요성

여러분은 오늘 성령에 관한 말씀을 들었습니다.[23] 성령이 죄의 용서에 대한 가르침을 설교해 주셔야 하고, 각 그리스도인은 이 조항사도신경의 세 번째 성령 조항을 바르게 배우는데 열심을 내야 합니다. 우리는 이 조항을 알아야 합니다. 그런데 사탄과 그의 열광주의자들이 미쳐 날뛰어 우리가 그것을 알고 있을지라도 이해하지 못하게 만드는 상황 때문에 그 조항을 바르게 배운다는 것은 어려운 일입니다.

죄의 용서는 지속되어야 한다

그리스도인의 의는 죄의 용서라고 불러야 할 것입니다. 이 용서는 단지 한순간 지속되는 행동으로 이해되어서는 안 되고, 항상 우리 위에 존재하며 우리에게서 오는 것이 아닌, 영속적으로 유효한 실제로서 이해되어야 합니다. 또한 육신의 부활과 영생에 관한 조항도 다루고 강조해야 합니다. 우리는 거룩하지만, 또한 동시에 거룩하지 않습니다. 우리는 죄의 용서를 가지고 있지만, 또한 그것을 갖고 있지 않습니다. 우리는 죽은 자들 가운데서 부활하였지만, 또한 부활하지 않았습니다. 우리는 영생을 가지고 있지만, 또한 영생을 갖고 있지 않습니다. 왜냐하면 우리 거룩함은 이미 획득된 것이 아니기 때문입니다.

죄의 용서는 완전하고 분명하지만, 우리는 그것을 아직 완전히 붙잡은 것은 아닙니다. 마찬가지로, 육신의 부활은 확실히 있지만, 나는 그것을 아직 보지는 못합니다. 영생 역시 존재하지만, 우리 안에서 영생을 시작하신 분이 함께 계시는 것일 뿐입니다. 그가 믿는 자들과 함께 계신 곳에는 죄, 불결함, 죽음이 없습니다.

그리스도의 의는 감추어져 있다

이것은 "우리는 그리스도인들이 설교하는 모든 것을 느낄 수 있다"라고 말하는 자들에게 대답한 것입니다. 그들의 말은 옳지 않습니다! 가장家長, 주부 혹은 하녀가 자신의 길을 갈 때, 이들에게서 성령이 살아계신다는 사실은 눈으로 볼 수 없습니다. 오히려 그들에게는 감춰져 있습니다. 왜냐하면 당신이 그리스도를 보지 못하는 것처럼, 당신 자신의 거룩함 역시 볼 수 없기 때문입니다.

하지만 저는 그리스도 안에서 거룩합니다. 이를 위해 저는 세례와 성만찬이라는 표시를 갖고 있습니다. 그것은 저 자신의 의가 아니라, 그리스도인의 본질을 구성하는 의, 낯선 의입니다. 그리스도인은 자신의 마음에 계신 그리스도를 믿음의 대상으로 붙잡습니다. 그리스도인은 그리스도를 붙잡습니다. 그리스도는 그리스도인의 화해자, 용서자이십니다. 그리스도인은 본디 죄인이지만 이러한 믿음 때문에 의롭습니다.

그리스도인의 의는 그리스도의 의에 참여하는 것

만일 우리 안에 있는 의와 거룩함이 중요한 것이라면, 우리는 타락한 자들입니다. 중요한 것은 하나님의 의입니다. 그리스도의 의는 단지 우리 외부에 있을 뿐만 아니라 실제로 우리 안에 있어야 합니다. 그리스도는 포도나무이고, 우리는 가지입니다.요 15:5 그리스도는 실제로는 우리 밖에 계실지라도, 믿음을 통하여 우리 안에 계십니다. 마찬가지로 바울도 이에 관하여 말합니다.

> 오직 내가 그리스도 예수께 잡힌 바 된 그것을 잡으려고 달려가노라. 내가 붙잡힌 것은 내가 이미 그것을 붙잡았기 때문이 아닙니다.참조. 빌 3:12-13

또한 그는 갈라디아인들에게 말합니다.

> 너희가 하나님을 알 뿐 아니라 더욱이 하나님이 아신 바 되었거늘.갈 4:9

저는 이미 그것^{영생, 의, 거룩함 등} 안에 있습니다. 세례받았고 성만찬에 참여했고 말씀을 지니고 있기 때문입니다. 부족한 것은 제가 붙잡힌 바 된 것처럼 그것을 붙잡는 일입니다. 이러한 의미로 바울은 갈라디아인과 로마인들에게 편지를 보냅니다.

> 우리가 성령으로 믿음을 따라 의의 소망을 기다리노니._{갈 5:5}

> 내가 의롭게 되는 나의 의는 오직 믿음과 소망에 있습니다. 나는 그것을 보지 못하지만 소망으로 그것을 기다리는데, 그것은 믿음 안에 있고 은혜로부터 옵니다._{참조. 롬 3:28; 4:5; 8:24 등}

그리스도인의 의는 말씀에 대한 믿음에 근거한다

만일 제가 이러한 내용에 관하여 이성에게 묻는다면, 이성은 아무 것도 말할 수 없습니다. 왜냐하면 저는 죄를 느끼고 있으며 순교자들이 참수형을 당하는 것을 보기 때문입니다. 순교자들은 선동자들처럼 죽을 수 밖에 없습니다. 그럼에도 불구하고 소망 가운데 나아가는 자들은 어떤 죄도 없는 살아 있는 성자들입니다. 그들은 죽음을 통해 죽는 것이 아니며 여전히 살아 있습니다. 그것은 삶의 소망, 구원의 소망, 의의 소망이기 때문입니다. 그것은 세상적인 관점이 아니라 영적으로 이루어진 것입니다. 사람이 의롭지만 그것에 관하여 어떤 것도 느낄 수 없다는 사실을 이성은 이해할 수 없습니다. 이성과 혈과 육은 침묵하고 항복해야 합니다. 대신, 계시되는 것을 믿음으로 붙잡아야 하고 믿음으로 기다려야 합니다. 따라서 우리는 말씀을 의지해야 합니다. 그렇지 않으면, 조언이나 도움을 받을 수 없습니다. 우리는 복음의 말씀, 그리고 성만찬과 세례를 통해서만 그것을 이해할 수 있습니다. 제가 이것 외에 다른 것을 칭송한다면, 그것은 사탄한테서 온 것입니다. 만일 우리가 지금의 소유물로 위로받고자 한다면, 그것은 마귀한테서 온 것입니다.

"우리는 붙잡힌 바 된 것을 붙잡기 위하여 기다리고 기대하고 쫓아가는" 것이기 때문입니다. 에베소서에서는 우리가 그리스도와 함께 하늘로 올라갔다고 말하고 있는데,참조. 엡 2:6 이것은 우리도 그리스도처럼 언젠가 하늘로 올라가야 한다는 의미입니다. 그리스도는 부활을 통하여 우리와 하나가 되셨는데, 이는 우리의 참된 부활이 되기 위해, 그리고 우리와 더불어 왕국에 앉아 모든 것이 온전히 그 자신 안에서 결정되도록 하기 위한 것입니다. 다만, 이루어지지 않은 것은 제가 그것을 아직 붙잡지 않았다는 사실뿐입니다. 이것은 어머니가 자기 아이를 가슴에 안고 있지만, 아이는 아직 그것에 관하여 아무것도 모르는 상황과 같습니다. 어머니는 아이를 알고 있지만 아이는 어머니를 아직 알지 못합니다. 아이가 아직 그만큼 이성과 이해력을 갖고 있지 못하기 때문입니다. 그러므로 "나는 당신의 딸이고, 당신은 저의 어머니입니다"라고 아직 말할 수 없습니다. 아이의 이해력은 시간이 지나면서 자라서 "어머니!"라고 말할 수 있게 됩니다.

그런 일이 우리에게도 일어나게 될 것입니다.

그리스도인의 의는 자신에 근거하지 않는다

이제 우리는 믿어야 합니다. 우리의 의는 법적인 의와 달리 우리 자신의 본질에 근거하지 않습니다. 법적인 의는 확고하고 강한 뜻으로, 각자가 의로운 존재로 이해되기를 원하며 행하고자 하는 기준입니다. 그것은 세상과 이성의 기준에 맞습니다. 하지만 그리스도인의 의는 이것저것을 행하고자 하는 자기 뜻에 근거하지 않습니다. 오히려 그리스도의 부활과 승천, 하나님 우편에 앉아계심이 저의 것이고 그리스도는 저를 자신의 품에 안고 계시며 저는 그의 곁에 있음을 온전히 확고하게 믿는다는 사실에 놓여 있습니다. 이것은 저의 행위가 아닙니다. 그리스도를 저의 의로 인식하는 믿음이 필요합니다. 만일 제가 그리스도가 계신 곳으로 가게 된다면, 여전히 깨끗하지 않았던 것은 멈추게 될 것입니다. 그리스도가 부활하시고 하늘로 올라가셔서 아버지 우편에 앉아계신 것이 저의 의의 한 부분이 되어야 합니다. 저의 의義의 다른 부분은 우리가 그 사실을 믿는 것입니다. 그러한 일이 일어나면, 당신은 본질을 구성하는 개인적인 의를 갖게 됩니다. 그 후에 당신에게 여전히 죄가 있더라도, 그것은 의에 의해 덮입니다. 그것이 바로 죄의 용서입니다. 그것은 성령이 하시는 설교입니다.

그리스도는 믿음을 통하여 죄인인 우리 안에 계신다

그리스도를 저의 외부에 가지고 있고 그리스도가 하늘에 계신다고 해서, 제가 죄인인 것은 아닙니다. 저는 지옥과 죄 밖으로 나왔음이 틀림없습니다. 하지만, 믿음 안에서 아직 이 땅 위에서 살아야 합니다. 그리스도는 저 위에 머물고 아래로 내려오지 않으시며, 저는 저 자신과 저의 의를 생각하지 않고 세상으로부터 나와 저 위에 계신 그리스도에게 매달려야 합니다. 이러한 믿음을 통하여 저는 그와 함께하고 그는 저와 함께하며, 이를 통하여 우리는 이미 저 위에 있게 됩니다. 그리스도인이 하늘에 있다면, 그는 죄로부터 자유하게 되었음이 틀림없습니다. 그리스도인은 죽는다고 해도 죽음에 머물러 있을 수 없습니다. 왜냐하면 그는 그리스도와 함께 하늘나라에 앉아 있기 때문입니다. 또한 그는 더 이상 사단, 죽음, 율법에 종속되어 있지 않습니다. 그럼에도 불구하고 저의 육신을 바라보면, 저는 죽음과 죄에 던져져 있음을 보게 됩니다.

그렇다고 저는 번민해서는 안 됩니다. 그렇지 않으면 저는 교황주의자일 뿐입니다. 저는 죄와 죽음을 더 이상 느끼지 않을 때까지 이것들과 싸워야 합니다. 교황주의자들은 우리의 선포에 관하여 다음과 같이 말합니다.

> 오, 그들루터파이 회오와 보상행위와 공로의 실행을 했으면 좋으련만. 그러면 죄로부터 깨끗해졌을 텐데.

교황주의자들은 맹인이 색을 말하듯이 합니다. 그들은 맛보지 못한 것에 관하여 우리를 가르치고자 합니다. 그들은 이러한 가르침을 비난하고 판단하려 하지만 그것에 관하여 아무것도 깨닫지 못합니다. 그들은 그리스도와 죄인의 믿음을 연관시킬 수 없습니다. 그들의 생각에 따르면 의는 우리의 주 하나님이 계명 가운데 바라시는 것을 행하고 수행하고자 하는 결연한 뜻이어야 합니다. 그들은 이와 다른 것을 들으면 그것을 이교라고 생각합니다. 저는 그들 앞에서 우리의 의가 죄를 용서하는 것이라고 말해서는 안 될 것입니다. 그리스도는 저 하늘에 계시고 저는 믿음을 통하여 그에게로 가고 이러한 모든 선물에 참여하게 된다고 성서는 말합니다. 저는 그것을 보지 못하지만 그것을 오직 소망 가운데 가지고 있습니다. 왜냐하면 소망하는 것은 아직 갖고 있지 않은 것이며 또한 보지 못하기 때문입니다.

오직 말씀에 근거한다

우리가 생명과 의를 가지고 있지만, 그것을 보지도 느끼지도 못한다는 것은 놀라운 일입니다. 어떤 사람은 곤경과 불행에서도 확고할 수 있습니다. 비록 그는 육을 느낄지라도 그 느낌을 거절합니다. 마귀와 죄를 느낄 때도 마찬가지입니다. 그는 다음과 같이 말합니다.

내 의는 존재한다. 그러나 내가 가지고 있는 선을 보지 말고, 오히려 혈과 육에도 불구하고 믿음과 영 안에서 소망하며 선이 계시될 때까지 기다려야 한다.

　이러한 일은 말씀에 의하지 않고는 이루어질 수 없습니다. 왜냐하면 믿음은 들음에서 오기 때문입니다.롬 10:17 그러므로 성령은 오순절에 그러한 불의 혀하나님 말씀를 주신 것입니다.참조. 행 2:3 믿음과 죄의 용서라는 값비싼 보물에 우리는 오직 불의 혀를 통해서만 다다릅니다. 사람들은 복음의 이러한 말씀에 적대적입니다. 교황은 칼과 불로써, 그리고 잘못된 해석을 통해 복음의 말씀을 박해합니다. 짧게 말해, 교황은 모든 불행을 일으키고, 불의 혀를 다시 끄려고 합니다. 그러나 우리는 말씀 외에는 가진 것이 없으며 다른 어떤 것으로도 하나님의 말씀을 얻을 수 없습니다. 다르게라도 말씀을 얻는 일이 가능하다면, 그들은 성령이 하나님이 아니라고 말할 것입니다. 만일 제가 말씀을 잃어버렸고 불의 혀들이 소멸하였다면 모든 것을 잃은 것입니다.

　그러므로 모든 것은 말씀에 달려 있습니다. 그 말씀은, 우리가 보지 못하지만 이미 우리를 붙잡고 있는 것이 무엇인지를 가르쳐줍니다. 만일 당신이 말씀 안에 머문다면, 당신은 그것을 언젠가 스스로 충분히 보며 붙잡게 될 것입니다. 그런 후에 당신이 지금 이미 믿음 안에서 가지고 있는 것을 깨닫고 보게 될 것입니다. 이제 우리는 그것을 수동적으로 갖고 있으며, 그 후에 능동적으로 가지게 될 것입니다.[24]

그리스도는 율법의 자유를 주신다

당신은 그들이 이러한 믿음의 조항을 얼마나 그릇되게 해석하였는지를 알 수 있습니다. 그들은 성령이 교회에 새로운 규범^{믿음의 조항}을 주기 위해 왔다고 주장합니다. 가령, 가장^{家長}과 집주인도 말할 수 있는 금식 규정 혹은 재단사가 가르칠 수 있는 회색 혹은 검정색 수도사복 규정들입니다. 그들은 마치 성령이 이러한 율법을 만들기라도 한 것처럼 가르칩니다. 그들이 "나는 성령을 믿사오며 …"라는 조항을 이해하지 못하는 것은 눈이 멀었기 때문입니다.

성령은 율법을 만들기 위해 오신 것이 아니라 오히려 율법에 반대하여 당신을 율법으로부터 끌어내기 위해 오신 것입니다. 당신의 영혼은 죽음이나 죄, 마귀 아래에 있어서는 안 되며 율법 아래에 있어서도 안 됩니다. 오히려 성령이 당신을 모든 율법 위에 세우시고, 당신의 모든 죄는 용서되었으며 그리스도의 승천과 아버지 우편에 앉아계심과 영생이 당신의 것이라고 말씀합니다. 이것은 당신이 율법을 지키거나 단지 채식만을 먹기 때문이 아니라, 그리스도가 부활하시고 하늘로 올라가셨기 때문입니다. 당신 자신의 의는 하늘에 있습니다. 그리스도는 결코 아버지의 우편으로부터 떨어지지 않으실 것입니다.

성령은 선행하도록 돕는다

부활하신 그리스도는 율법이 아닙니다. 오히려 그리스도는 율법보다 위에 있는 생명 안에 계십니다. 그리스도는 율법, 죽음, 죄에 종속되어 있지 않으시고, 오히려 그것들의 주인이십니다. 성령은 율법, 죄, 죽음으로부터의 자유를 가르치십니다. 그런 후에 우리 이웃에 대한 사랑과 자비를 우리 마음에 주십니다. 성령이 그리스도에 관해 말씀할 때, 율법에 관해 말하는 것이 아니라 오히려 율법에 반대되는 것을 말씀하는 것입니다. 성령은 인간이 어떻게 살아야 하는지에 관한 율법을 주신다고 말하는 교황과 그의 추종자들은 모두 마귀에 사로잡혀 있는 것입니다.

그러므로 우리는 성령에 관한 조항을 잘 배워야 합니다. 그래야 그리스도를 가르치는 성령의 직무와 다른 직무들을 구분할 수 있습니다. 그들로 율법을 가르치고 찬양하게 내버려 두십시오! 그러나 양심만은 그러한 것에 매여서는 안 됩니다. 저는 십계명 위에 있고자 원합니다. 저는 십계명보다 더 나은, 더 거룩한 의, 더 커다란 거룩함을 갖고자 합니다. 그 거룩함은 하나님의 아들이 부활하시고 아버지 우편에 계신 사실에 놓여 있습니다. 그리스도가 십계명과 그 모든 행위보다 더 거룩하십니다. 그리스도 자신이 나의 본질을 구성하는 의입니다.iustitia formalis

성령은 우리와 그리스도가 한 몸 되게 한다

교황이 이러한 내용을 듣는다면 그는 광포하고 어리석게 될 것입니다. 교황주의자들은 하늘에 앉아계시고 천사와 함께하시는 그리스도를 꾸며냅니다. 그들은 그리스도를 우리에게 매우 낯설게 만들고 거스르도록 합니다. 그러나 성령은 그리스도가 우리와 한 몸이 되기를 원하십니다.^{참조. 엡 1:22-23} 그러므로 당신은 그들이 이 조항을 얼마나 파렴치하게 가르쳤는지 알게 됩니다. 여러분은 그리스도가 성령을 위로자라 부르신 이유를 이해할 수 있습니다.^{요 14:16,26; 15: 26; 16:7} 슬픔에 잠긴 양심을 다음과 같은 말보다 더 잘 위로해줄 수 있는 것이 있겠습니까?

당신이 십계명을 지키지 않았을지라도 나는 당신에게 더 나은 것을 주고자 한다.

하지만 당신은 다음과 같이 말합니다.

나는 십계명을 지키고 선행을 하고 하나님의 자비를 얻기 위해 수도사복을 향해 달려갔다. 그러나 그것은 나를 위로하지 못했다.

당신이 그것을 지켰다고 해도, 그것은 하나님 앞에서 아무 가치가 없다고 말해야 합니다. 오히려 위로자가 오셔서 다음과 같이 말씀하십니다.

나는 네게 더 훌륭한 것을 주고자 한다. 거기에는 흠이 전혀 없다. 거기에는 완전한 의가 있다.

당신이 그리스도를 믿는다면, 당신은 모든 십계명보다 더 많이 행한 것으로 간주 됩니다. 왜냐하면 그리스도가 말씀하시는 것처럼 부활과 승천이 당신 것이 될 것이기 때문입니다.

나는 부활이요 생명이고, 은혜와 진리이다. 요 11:25

그리스도는 "내가 네게 그것을 준다"라고 하신 것이 아니라, "나는 그것이다"라고 말씀하십니다. 그러나 교황은 그리스도를 저 하늘 위에 한가로이 앉아계신 분으로 만듭니다. 하지만 그리스도는 우리와 함께하시고 우리는 하늘 그분 곁에 있습니다. 이 모든 것은 믿음과 말씀을 통하여 이루어집니다.

15. 구원의 삼중적인 자유

성경본문: 이사야 9장 4절

"이는 그들이 무겁게 멘 멍에와 그들의 어깨의 채찍과 그 압제자의 막대기를 주께서 꺾으시되 미디안의 날과 같이 하셨음이니이다."

설교

죽음, 죄, 율법의 의미

이사야 9장 4절의 의미를 고린도전서 15장에서 말한 바울보다 더 잘 강해할 수 있는 사람은 없다고 저는 확신합니다.

> 사망아, 네가 쏘는 것이 어디 있느냐, 지옥아, 너의 승리가 어디 있느냐? 사망이 쏘는 것은 죄요 죄의 권능은 율법이라. 고전 15:55-56

바울은 그리스도가 승리하시고 우리를 구속해 내신 세 가지 대상, 즉 죽음, 죄, 율법을 설명합니다. 이사야도 하나님이 우리를 하나님 앞에서 즐겁고 안전하게 하시기 위해 승리하신 세 가지 대상을 설명합니다.

이제 이사야가 바울과 어떻게 일치하는지 보고자 합니다. 이사야는 바울이 말한 것과 똑같이 말합니다. 즉, 하나님의 백성은 죽음, 죄, 율법 세 가지가 극복되지 않는다면 다른 어떤 평안이나 기쁨을 가질 수 없습니다. 이 세 가지가 남아 있다면, 하나님이 우리에게 모든 것들을 주시고 우리를 곧바로 천국에 앉히실 수 있다고 할지라도 우리에게 전혀 도움이 되지 않습니다. 자기 위에, 자기 안에 죽음, 죄, 율법이 있으며 또 그것을 느끼는 자가 과연 즐거워하고 만족할 수 있겠습니까? 즐거움이 있으려면 전적으로 생명, 선한 양심, 자유가 있어야 합니다. 이사야는 이 세 가지 세력을 정복하고 이것들로부터 구속함을 통하여 하나님 앞에서 즐거워하게 된다고 말하고 있습니다. 사 9:2-3 이사야는, 그리스도인들을 그러한 승리로 위로하고 또한 죽음과 죄와 율법에 맞서 그들을 위로하라고 명령하는 바울과 일치하고 있음을 볼 수 있습니다.

죽음의 힘은 죄로부터 온다

첫째는 '그들의 짐의 멍에'입니다. '그들'이란 추수할 때와 전리품을 나눌 때처럼 사 9:3 하나님 앞에서 즐거워하는 자들입니다. 복음을 깨닫고 받아들이는 자들이 즐거워하는 첫 번째 근거는, 그리스도가 "그들의 짐의 멍에를 부수셨다"라는 사실입니다. 그들 짐의 멍에는 곧 죽음의 멍에입니다. 이것은 모든 사람이 두려워하여 도망치려 하지만 달아날 수 없고 오히려 감수하고 참아야만 하는 힘든 멍에이며 견디기 힘든 짐입니다. 저는 사람들이 느끼는 죽음에 관하여 말하는 것입니다. 양심이 깜짝 놀라며 자기 죄 때문에 하나님의 진노와 심판을 느끼게 되는 죽음입니다. 그것은 그리스도의 왕국 밖에서 아직도 지배하며 기력이 쇠하지 않은 죽음과 같습니다. 아담과 하와가 낙원에서 느꼈던 죽음과 같고,^{창 3:8} 다윗이 간음 때문에 나단 선지자에게 꾸짖음을 받았을 때 느꼈던 죽음과도 같습니다.^{삼하 12:7 이하} 거기에는 영원한 죽음 외에 다른 것은 없습니다. 극악무도한 자들은 그러한 죽음을 마지막까지 깨닫지 못합니다. 왜냐하면 그들은 자신의 인생 여정에서 죄를 느끼지 못하기 때문입니다. 그들은 죄를 느끼지 못하기 때문에 죽음도 느끼지 못합니다. 그래서 바울은 죄는 죽음이 쏘는 것이라고 말합니다.^{고전 15:56} 다시 말하면, 죄가 없다면 죽음은 어떤 힘이나 권리도 없고, 칼이나 창이 없어서 목적을 이룰 수 없다는 의미입니다. 원인과 잘못이 없다면, 죽음이 누구를 죽이고자 했겠습니까? 선한 양심은 죽음을 두려워할 수 없습니다. 또한 창에 대해서, 죽음의 힘이나 권리에 대해서 알지 못합니다. 그러나 죄가 있는 곳에서 죽음은 목적을 달성하고 강력하게 존재합니다. 죄된 양심은 죽음을 받아들여야 하고 또한 그런 처분을 받는 것은 당연하다고 말할 수밖에 없습니다. 그러므로 죄된 양심은 그렇게 슬픔에 차 죽음을 두려워합니다. 자신 안에서 죽음의 창, 곧 죄를 느끼고 또한 죽음을 막을 수 없기 때문입니다.

죄와 죽음의 권리와 힘의 박탈 선고

다음은 '그들의 어깨 위의 채찍'입니다. 이것은 이미 말한 것처럼 죽음을 강하게 하고 맹렬하게 하는 죄입니다. 죽음은 죄가 정복되지 않는 곳에서는 정복될 수 없기 때문입니다. 비록 죽음이 우리^{우리}

^죄 때문에 그리스도를 잠시 동안 붙잡았지만, 죄 없는 죽음 혹은 죽음 없는 죄는 존재할 수 없으므로 죽음은 그리스도 위에 머물 수 없습니다. 그리스도 안에는 스스로 담당하신 우리의 죄 외에는 다른 죄가 없습니다. 따라서 죽음은 그리스도인들 위에 머물 수 없습니다. 죽음이 그리스도인들을 잠시 붙잡고 있을지라도, 그리스도인들은 그리스도 안에서 의로우며 죄를 갖고 있지 않은 것입니다. 이것은 바로 죽음과 죄를 완벽하게 정복하였다는 의미입니다. 이것은 그것들을 힘으로 즉시 제거하여 더 이상 그것들을 느끼지 못한다는 말이 아닙니다. 우선 그것들의 권리와 힘을 빼앗고 또한 그것들은 소멸되어야 한다는 당연한 정죄 판결을 한다는 의미합니다. 그것들은 소멸되기 이전까지는 여전히 사납게 굴고 그 존재를 느끼도록 할 수 있지만, 그것들은 아무것도 아닙니다. 이미 정죄 판결이 내려져 있어 더 이상 어떤 권리나 힘을 가지고 있지 않으며 곧 중단되고 끝나야 하며 또 끝날 수밖에 없기 때문입니다. 이것은 강력한 적을 대하는 행동과 같습니다. 즉 적이 붙잡히면 그를 곧바로 제거하는 것이 아니라, 그가 정죄라는 판결을 받고 그 판결을 근거로 죽임을 당할 때까지 살려 둡니다. 그가 감옥에 있는 동안, 그는 살아 있지만 해를 주거나 지배하거나 적수를 제압할 권리나 힘을 갖고 있지 않은 가련한 존재에 불과합니다. 그의 생명은 죽음에 이를 때까지 유지됩니다.

죽음에 이루어진 것처럼 죄에도 이루어집니다. 그리스도는 죽음과 죄와 싸워 이기셨기에, 그것들은 더 이상 이전처럼 우리를 지배하거

나 이길 수 없습니다. 이것은 시편 **68편 18절**_{참조. 엡 4:8}에서 "주께서 높은 곳으로 오르시며 사로잡은 자들을 취하시고"라고 말하는 것과 같습니다. 그리고 그리스도는 날마다 권한을 가지고 판결을 내리시고, 그것들이 우리에 대해 어떤 권리나 힘을 갖지 않고 오히려 복음을 통해 곧 중지되고 끝이 날 것으로 정죄하십니다. 이것은 로마서 8장 3절에서 그리스도가 "죄를 통하여 죄를 저주하셨다"라고 말하는 것과 같습니다.

죄와 죽음이 아직 활동하고 있으며 그렇게 느껴진다고 해도, 그것들은 이미 정죄를 받았고 권리와 지배력을 상실하였으며 해를 줄 수 없습니다. 오직 남은 일은 그것들이 곧 종말을 맞이하여 중지되는 것뿐입니다. 또한 그것들은 지배하는 것이 아니라 정죄 받았고 죽어야 할 교수대 앞에서 안절부절못하고 떠는 것 외에 다른 할 일은 없습니다. 죽음이나 죄가 짧은 시간 동안 지배한 것처럼 느껴진다고 그것이 내게 무슨 해가 되겠습니까? 반대로, 만일 죄와 죽음 모두 권리와 힘을 유지하고 있으며 곧 엄습하여 영원히 지배하게 된다면, 마치 죽음이 힘으로 제거된 것처럼 죄와 죽음을 잠깐 동안 느끼지 못한다 한들 무슨 도움이 되겠습니까?

십자가에서 조롱받은 죄와 죽음

이것이 바로 이사야와 바울이, 비록 죄와 죽음이 아직 짧은 시간 동안 지배하고 활동할지라도 어떻게 이것들이 권리와 힘을 잃게 되고 곧 종말을 고하게 되는지를 보여주는 말들을 사용한 이유입니다. 바울은 "죽음아, 너는 어디에 있느냐? 지옥아, 너는 어디에 있느냐?"라고 말하지 않고, 대신 "죽음아, 네가 쏘는 것이 어디 있느냐? 지옥아, 너의 승리가 어디 있느냐?"고전 15:55라고 말하고 있는데, 이것은 다음과 같이 말하고자 한 것입니다.

> 친애하는 죽음과 지옥이여, 너희는 아직 짧은 시간 동안 활동하고 있지만, 오랫동안은 아니다. 너희는 권리, 힘, 승리, 창과 모든 능력을 잃었다. 너희가 격노해 있지만, 너희의 사랑함은 우리를 찌르지 못하고 너희는 우리를 해할 수 없다. 너희 형편이 좋아 보이지만, 나는 너희를 두려워하지 않는다. 왜냐하면 너희가 더 할 수 있는 것은 없고, 게다가 곧 교수대를 향하여 달려가야 하고 멸망할 것이기 때문이다.

유대인들은 십자가의 그리스도가 모든 능력과 힘을 잃었고 곧 죽을 것이라고 조롱했지만, 우리는 죄와 죽음에 저항하며 이것들을 조롱하고 모욕하며 비방합니다. 왜냐하면 우리는 그것들이 더 이상 아무것도 할 수 없고 오히려 조롱의 대상이 될 수밖에 없다는 사실을 확신하기 때문입니다. 죽음과 죄는 그리스도인들에 의해 저주받고 십자가에 매달려 있습니다. 그래서 이것들은 자신이 어떻게 조롱받고 비난받게 되는지를 들어야 하는 것 외에는 그리스도인들에게 할 일이 없습니다.

> 죽음아, 네가 쏘는 것은 어디 있느냐? 지옥아, 너의 승리는 어디에 있느냐? 너희가 전에는 강했지만, 이제는 무력하다. 큰 거인 같은 죽음과 죄야, 너희가 이 세상에서 얼마나 많은 사람에게 두려움을 주며 지배하고 괴롭혔는가? 아, 그러나 이제 십자가에서 내려오라.참조. 마 27:42 너희는 거인이며 위대한 주인이다. 자 이제, 손가락으로 그것을 증명하라. 너희는 이제 그리스도의 십자가에 매달려 있고 곧 죽어야만 한다. 너희가 십자가에 못 박은 그리스도, 그리고 그에게 매달려 있는 우리가 모두 너희로부터 자유롭게 되었다.

여기에 솔로몬의 말이 추가됩니다.

> 의인은 환난에서 구원을 얻으나 악인은 자기의 길로 가느니라.잠 11:8

죽음과 죄에 관하여

이사야 역시 죄와 죽음에 대해서 말할 뿐만 아니라, 그것들이 어떻게 지배했는지, 그리고 그것들의 힘, 권리, 능력이 어떻게 제거되었는지 말합니다. 그는 '그들의 짐'만이 아니라, '그들 짐의 멍에'를 말하고 있기 때문입니다. 그는 우리가 어떻게 죽음에 내던져져 있는지, 어떻게 죽음의 짐을 들어야 하는지 보여줍니다. 그리고 농부가 멍에에 매여 있는 짐승의 주인으로서 짐을 싣고 멍에를 씌운 짐승에게 하는 것과 똑같이, 죽음이 어떻게 우리를 지배하는지 '멍에'로써 보여줍니다. 누군가 자발적으로 스스로 지는 짐은 '짐의 멍에'라 하지 않고 전적으로 '짐'이라고 부르기 때문입니다. 그러나 '짐의 멍에' 혹은 '멍에에 있는 짐'에는 짐을 들도록 강요받고 예속된 존재라는 의미가 내포되어 있습니다. 죽음이라는 무거운 짐을 강제로 짊어져야 하는 우리는, 죄로 인해 죽음 및 죽음의 힘과 권리에 종속되어 있고, 죽음이 우리를 지배하고 있는 것입니다. 죽음은 어떤 권리도 없지만, 중지될 때까지 잠깐이지만 우리에게 놓여 있습니다. 그러나 그리스도가 우리에 대한 죽음의 지배를 파괴하셨고 우리를 그 지배의 힘으로부터 구속하셨습니다. 그래서 '채찍' 뿐만 아니라 '그 어깨 위에 채찍'이라고 말하는 것입니다. 그는 다음과 같이 말하고자 한 것입니다.

죄는 우리가 기꺼이 감당하거나 책임지는 채찍이 아닙니다. 오히려 그것으로 사람들은 우리를 몰고 우리의 어깨에 짐을 짊어지도록 합니다. 그래서 이 채찍은 우리를 지배하고 우리는 그 지배에 종속되는 것입니다.

이미 말한 것처럼 죄가 우리를 지배하지 않는다면, 죽음 역시 우리를 지배할 수 없습니다. 그러나 이제 죄가 우리를 지배하고 우리가 죄에 굴복하게 되고 죄에 붙잡혀 있으므로, 우리는 죽음의 짐을 싫어하고 죄로부터 기꺼이 벗어나고자 합니다. 그러나 죄는 우리 등 뒤에서 채찍으로 존재하고 우리에게 짐을 지도록 재촉하고 강요합니다. 다시 말하면, 우리를 죽음으로 몰아갑니다.

율법은 죄와 죽음의 세력 아래에 있도록 강요한다

세 번째는 율법, 즉 '압제자의 막대기'입니다. 이것은 바울이 "율법은 죄의 능력이다"고전 15:56라고 말하는 것과 같습니다. 그러나 율법이 죄를 드러낸다고 할 때, 즉 로마서 3장 20절과 7장 7절 "율법을 통하여 죄의 인식이 온다"라고 할 때는, 영적인 의미의 율법을 말하는 것입니다. 이것은 로마서 2장 17절 이하에서 율법이 행위를 통하여 우리를 위선자로 만드는 육적인 의미의 율법과는 다른 것입니다. 율법을 영적으로 받아들이지 않는 자는 '어깨 위에 있는 채찍' 즉 죄 역시 느끼지 못하기 때문입니다. 채찍이 있으나, 그것은 그 어깨를 누르지 않습니다. 다시 말하면, 그들은 죄를 가지고 있으나, 죄를 느끼거나 주목하지 않습니다. 죽음이라는 짐이 있지만, 그걸 알아채지 못합니다. 그러나 그들은 '짐의 멍에'는 가지고 있지 않습니다. 왜냐하면 그들은 죽음이 자신들을 지배하고 통치하고 있는 것을 느끼지 못하기 때문입니다.

마찬가지로, 막대기가 있지만, 그들은 압제자의 음성을 듣지 않습니다. '채찍'과 '어깨 위에 놓여 있는 것', '멍에'와 '짐'은 서로 다른 것처럼 '막대기'와 '압제자'도 서로 다르기 때문입니다. 우리는 항상 죽음, 죄, 율법을 가지고 있습니다. 그러나 창과 승리를 모두 느끼는 것은 아닙니다.참조. 고전 15:55 이것은 죽음의 순간이 올 때까지 우리에 대한 죽음, 죄, 율법의 힘이요 지배를 의미합니다. '막대기'는 율법이고, '압제자'는 율법의 힘이요 지배입니다. 율법이 없다면, 죄 역시 없습니다. 하지만 이제 율법이 주어져 있기 때문에, 우리는 기꺼이 죄로부터 해방되고자 원했습니다. 그러나 그렇게 할 수 없습니다. 왜냐하면 율법이 거기에 있고, 율법은 우리를 몰고 뒤쫓아 우리가 죄인임을 확신시키며 우리를 이기고, 또한 힘으로 우리를 강요하여 죄 아래에 있게 하기 때문입니다. 거기에 '압제자'의 음성, 다시 말해 우리를 죄의 종으로 만드는, 우리에 대한 율법의 지배와 권능이 있습니다. 율법의 권능은 '압제자' 혹은 '강요하는 사람'이라 불립니다. 그것은 항상 우리로부터 순종을 요구하고 그러한 요구와 강요 앞에서 양심의 평안을 허락하지 않기 때문입니다. 이제 우리는 그러한 요구를 충족시킬 수도, 순종할 수도 없으므로, '압제자'는 우리를 죄 아래로 몰고 가서 죄의 종으로 선언합니다. 그리고 나서 죄는 우리를 곧 죽음에 넘깁니다. 거기서 우리는 붙잡힌 종으로서 죽음, 죄, 율법 아래에 있게 됩니다. 즉, '짐의 멍에'와 '어깨의 채찍'과 '압제자의 막대기' 아래에 놓이게 됩니다.

율법의 강요로부터 자유로운 삶

우리는 이사야가 당나귀 몰이꾼이나 그 밖의 잔혹한 독재자에 관한 비유를 사용했음을 보게 됩니다. 왜냐하면 '짐' '채찍' '압제자'는 가련한 짐승 위에 놓여 있는 것이기 때문입니다. 우리는 짐으로부터 자유로워지고자 하지만, 멍에에 잡혀 있습니다. 다시 말해, 죽음의 권능과 지배가 우리를 붙들어서 우리가 그의 짐을 들도록 하고 그에게 복종하도록 합니다. 마찬가지로 우리는 또한 채찍으로부터 기꺼이 자유로워지고자 합니다. 그러나 채찍은 우리의 목에 놓여 있습니다. 그것은 우리를 무력으로 자기 밑에 두고 있는 죄의 힘이자 지배입니다. 우리는 또한 막대기로부터 자유로워지고자 원하지만, 압제자는 우리 뒤에 있는데, 그것은 바로 율법의 음성이고 권능입니다. 이사야가 이러한 세 가지를 가지고 보여주고자 한 것이 무엇입니까? 우리는 그것들을 파괴할 수 없고 오히려 그것들에 굴복해야 하고 그것들이 우리를 지배할 수밖에 없다는 사실입니다. 그것들이 지배한다면, 우리는 그들이 원하는 것을 해야 합니다. 그 결과, 우리는 선행을 할 수 없고 단지 악한 것만을 행할 수 있으며, 거기에는 자유의지가 없습니다.

그러나 그리스도는 홀로 이 모든 것들을 우리를 위해 정복하셨고 즐거움을 주는 전쟁전리품을 우리에게 분배하셨습니다.^{참조. 사 9:3} 그로 인해 우리는 큰 즐거움과 확신 속에서 온전히 자유로이 찬양하고 노래하게 됩니다. 이것에 관하여 이사야는 "당신은 꺾으셨도다 …"

사 9:4라고 말합니다. 그리스도는 그것들을 어떻게 파괴하십니까? 바울이 고린도전서 15장 26절에서 죽음에 관하여 말하는 것처럼 중단됩니다.

마지막 원수인 죽음이 파괴될 것이다.

그래서 죄는 파괴되었습니다. 그러나 율법은 어떻게 파괴되었습니까? 이미 말한 것처럼 죄와 죽음이 권능과 권리를 잃어버렸기 때문에, 그것들은 우리를 더 이상 지배하지 못합니다. 그리고 그것들은 아예 중단되어야 합니다. 율법은 파괴되어서 더 이상 우리를 죄 가운데 몰지 못합니다. 우리는 우리의 주이신 그리스도를 통하여 율법을 충족시킴으로 율법의 명령과 압제로부터 자유케 됩니다. 또한 우리는 율법이 우리를 쫓아내고 우리에게 강요하고자 했던 모든 것을 이제는 성령 안에서 자발적으로 행하며 살아갑니다. 우리는 더 이상 율법이 필요하지 않습니다. 율법의 강요와 요구가 없으므로, 율법의 모든 힘, 권리, 근원도 사라집니다. 건강한 인간이 율법과 그 강요 없이 살고 먹고 마심으로 율법이 필요하지 않은 것처럼, 우리는 마치 율법이 없는 듯이 살게 됩니다. 이에 관해서 당신은 계속하여 포스틸레 Postille, 설교집 25)와 다른 책자들에서 읽을 수 있습니다.

약함 속에서의 승리

'미디안의 날처럼'이라는 구절이 나옵니다. 여기서 우리는 사사기 7장에 나오는 아름답고 멋진 이야기를 알아야 합니다. 미디안인들, 아말렉인들, 그리고 동방의 모든 사람삿 7:12이 이스라엘 땅을 황폐하게 하였고 이스라엘 자손을 자신들 앞에서 도망치게 하였습니다. 기드온은 하나님의 명령으로 그들을 칼 대신 나팔과 등불로 쳐서 그들이 스스로 죽이고 도망치게 하였습니다.삿 7:22 이 이야기에는 그리스도가 세 가지 적들을 어떻게 물리쳐 승리하셨는지와 그리스도와 함께 날마다 모든 그리스도인 역시 칼 없이 어떻게 승리하는지 나타나 있습니다. 이사야가 이 이야기를 예로 든 것은 그리스도가 어떤 종류의 권능으로 이러한 세 가지 대적을 파괴하고 정복하셨는지를 보여주기 위함이었습니다. 이 이야기 전체를 설명하고 해석하자면 내용이 너무 깁니다. 그 역사를 알고자 하는 사람은 이 이야기를 읽기 바랍니다.

이 이야기의 핵심은 기드온이 그러한 승리를 매우 약함과 무능력 속에서 얻었다는 것입니다. 그가 바알의 제단을 파괴하였을 때,삿 6:25-32 분노한 그의 백성과 형제들은 그를 원수로 여겼습니다. 또한, 22,000명이 기드온에 의해 먼저 떨어져 나갔고,삿 7:3 그 후에 10,000명이 떨어져 나가 그에게는 단지 300명의 사람만이 남았습니다.삿 7:6 이 사람들로 그는 전장에서 무장한 약 135,000명이나 되는 적의 군대를 정복했습니다.삿 6-7장에는 수가 나오지 않음 기드온의 마음은 아마도 수천 번이나 절망하며 완전히 낙담할 수도 있었습니다.

　적의 군대의 권능에 비하면 적게 남아 있는 작은 무리가 무슨 능력이 있었겠습니까? 아무것도 아니었습니다. 숙곳과 브누엘 백성들이 기드온은 불가능한 일을 하려 하는 무모한 자이고 백성들을 위험에 빠지게 하는 바보 같은 멍청이라고 한 것처럼삿 8:15 이하, 얼마나 많은 사람이 그를 조롱했습니까! 거기서 그의 마음은 바울과 더불어 말할 수밖에 없었습니다.

　　내가 약할 때 가장 강하다. 권능은 약함 가운데서 온전하여진다.
　　고후 12:9

　그는 그러한 믿음으로 칼 없이 미디안 사람들을 친 것입니다. 그리스도 역시 그렇게 고난 가운데 약하고 조롱거리가 되었습니다. 그것으로 무엇인가를 할 수 있다고 여기는 것은 불가능하고 믿을 수 없는 일이었습니다. 그럼에도 불구하고 그는 그러한 약함 속에서 모든 인간적인 권능과 방패 없이 죽음, 죄, 율법, 지옥, 악마, 모든 불행에 대해 승리를 거두셨습니다. 마치 기드온이 약함 속에서 세 민족을 이긴 것처럼 말입니다. 기드온이 미디안 사람들을 치고 300명과 함께 했던 첫 번째이자 핵심이었던 것과 마찬가지로, 그리스도 역시 죄와 죽음을 이기신 첫 번째 존재입니다. 따라서 모든 그리스도인은 날마다 그를 따라가고 그와 함께 행하게 됩니다.

미디안 족속이 자기 칼로 스스로를 죽인 사실은, 그리스도가 죽이고자 하셨던 죽음이 바로 이렇게 자신을 목 졸라 죽였다는 것을 의미합니다. 왜냐하면 그리스도는 부활하셨고 죽음을 자기 죽음으로 집어삼키셨기 때문입니다. 그리스도인에게 놓여 있던 죄는 그를 죽음으로 저주하고자 했고 '죽음의 창'이고자 했습니다. 그러나 그리스도가 죄가 없으시다는 것은 너무나 크고 자명한 사실입니다. '죄로써 죄를 저주하여', 롬 8:3 죄는 그리스도에게서 악한 짓을 하였기에 죽어야만 했습니다. 율법 또한 그를 몰아 죄인으로 만들었습니다. 왜냐하면 그는 율법 아래에 있었고 참조. 갈 4:4 율법에 따르면 나무에 달린 자처럼 갈 3:13 저주받아야 했기 때문입니다. 그러나 그리스도는 아무 잘못도 없으셨기 때문에 율법은 그에 대한 권리가 없었습니다. 따라서 율법은 그리스도에게 불의한 일을 행한 것이 되고 맙니다. 그리스도는 이제 율법에 대항하여 자기 일을 행하심으로 율법이 죄와 불의를 갖게 하시고 또한 죽어 마땅하게 하십니다.

Luthers Predigten über das Heil

Martin Luther

설교 1

원문: WA 10III,177-200.

번역본: Erwin Mülhaupt ed. D. Martin Luthers Evangelien-Aus-
legung. Vol. 3: Markus- und Lukasevangelium (Göttingen:
Vandenhoeck & Ruprecht, 1961), 251-261.

설교: 1522년 6월 22일의 설교를 작업하여 인쇄함. 성체축일 설교.

설교 2

원문: WA 10III,293-303.

번역본: Erwin Mülhaupt ed. D. Martin Luthers Evangelien-Aus-
legung. Vol. 3: Markus- und Lukas-Evangelium (Göttingen:
Vandenhoeck & Ruprecht, 1961), 309-316.

설교: 1522년 8월 31일 설교한 것으로 1523년 인쇄 출판됨. 삼위일체주
일 후 11번째 주일 설교.

설교 3

원문: WA 17II,72-78.

번역본: Erwin Mülhaupt ed. D. Martin Luthers Evangelien-Ausle-

gung. Vol. 2: Das Matth us-Evangelium (Göttingen: Vanden-
hoeck & Ruprecht, 1960), 280-285.

설교: 1525년 사순절 설교집. 주현절 후 세 번째 주일 설교.

설교 4

원문: WA 10III,361-371.

번역본: Horst Beintker ed. Martin Luther. Die reformatorischen
Grundschriften. Vol. 3: Die Gefangenschaft der Kirche
(München: DTV, 1983), 133-144.

설교: 1522년 에어푸르트(Erfurt)의 카우프만스교회(Kaufmann-
skirche)에서 행한 설교.

설교 5

원문: WA 37,409-414.

번역본: Kurt Aland ed. Predigten (Göttingen: Vandenhoeck &
Ruprecht, 2002), 256-263.

설교: 1534년 5월 25일 성령강림절 월요일 설교. 가정설교.

설교 6

원문: WA 17II,200-204.

번역본: F. Gogarten ed. Martin Luther. Predigten (Berlin: Union Verlag,1959), 169-175; Erwin Mülhaupt ed. D. Martin Luthers Evangelien-Auslegung. Vol. 2: Das Matth us-Evangelium (Göttingen: Vandenhoeck & Ruprecht, 1960), 507-511.

설교: 1525년 사순절 설교집. 사순절 둘째 주일 설교.

설교 7

원문: WA 17II,104-109.

번역본: John Nicholas Lenker ed. Sermons of Martin Luther. The Church Postils. Vol. 2: Sermons on Gospel Texts for Epiphany Lend, and Easter (Grand Rapids: Baker Books, 1995), 92-99; Heinrich Planck ed. Dr. Martin Luther. Siebenzig Predigten auf alle Sonn- und Festtage des Kirchenjahres (Stuttgart: Vereinsbuchhandlung, 1917), 143-149.

설교: 1525년 사순절 설교집. 주현절 후 넷째 주일 설교.

설교 8

원문: WA 10III,420-428.

번역본: Erwin Mülhaupt ed. D. Martin Luthers Evangelien-Auslegung. Vol. 4: Das Johannes-Evangelium mit Ausnahme der Passionstexte (Göttingen: Vandenhoeck & Ruprecht, 1961), 185-191.

설교: 1522년 11월 9일 설교. 삼위일체주일 후 21번째 주일 설교.

설교 9.

원문: WA 12,517-524.

번역본: Luther 63 (1992), 5-13; Erwin Mülhaupt ed. D. Martin Luthers Evangelien-Auslegung. Vol. 5: Die Passions- und Ostergeschichten aus allen vier Evangelien (Göttingen: Vandenhoeck & Ruprecht, 1954), 386-387.

설교: 1523년 4월 12일 부활절 후 첫째 주일 설교.

설교 10.

원문: WA 15,567-570.

번역본: Erwin Mülhaupt ed. D. Martin Luthers Evangelien-Auslegung. Vol. 4: Das Johannes-Evangelium mit Ausnahme der Passionstexte (Göttingen: Vandenhoeck & Ruprecht, 1961), 128-133.

설교: 1524년 5월 22일 켐베르크(Kemberg)에서의 삼위일체주일 설교.

설교 11.

원문: WA 46,212-218.

번역본: Wolfgang Metzger ed. Predigten über den Weg der Kirche (Neuhausen-Stuttgart: Hänssler, 1996), 44-53.

설교: 1538년 3월 21일 비텐베르크의 성곽교회에서 행해진 설교. 사순절 둘째 주일 후 주중 설교.

설교 12.

원문: WA 51,123-134.

번역본: Wolfgang Metzger ed. Predigten über den Weg der Kirche (Neuhausen-Stuttgart: Hänssler, 1996), 34-44; 이성덕 역,『설교집 1』(서울: 컨콜디아사, 2017), 461-472.

설교: 1546년 1월 17일 주현절 후 둘째 주일 설교. 비텐베르크에서의 마지막 설교.

설교 13.

원문: WA 2,244-249

번역본: 이성덕 역. 『설교집 1』(서울: 컨콜디아사, 2017), 65-75;
Georg Merz ed. Bibelübersetzung, Schrifauslegung, Predigt
(München: Chr. Kaiser, 1958), 247-253.

설교: 1519년 6월 29일 라이프치히(Leipzig)에서의 설교.

설교 14.

원문: WA 34I,469-476.

번역본: Wolfgang Metzger ed. Predigten über die Christusbotschaft
(Neuhausen-Stuttgart: Hänssler, 1996), 201-208; Georg
Buchwald ed. Predigten D. Martin Luthers auf Grund von
Nachschriften Georg Rörers und Anton Lauterbachs. Vol. 2:
Vom 16. Oktober 1530 bis zum 14. April 1532 (Gütersloh,
1926), 328-333.

설교: 1531년 5월 28일 비텐베르크에서의 성령강림절 오후 설교.

설교 15.

원문: WA 19,139-146.

번역본: Luther 81 (2010), 124-132.

설교: 1525년 12월(15/16일) 이사야 9장 4절에 대한 루터의 두 편의 설
교 가운데 하나로 1526년 출판됨.

1) 이에 관하여 R. 슈바르츠 저/ 정병식 역, 『마틴 루터』 (서울: 한국신학연구소, 2007), 241 이하 참조.

2) 이 설교에 관하여 루터 저/ 이성덕 역, 『설교집 1』 (서울: 컨콜디아사, 2017), 87-128 참조.

3) 이 설교에 관하여 『설교집 1』 95-100 참조. 앞 책의 내용을 수정하여 인용함.

4) 루터의 설교와 설교행적에 관하여 우선 다음을 참조하시오. 권진호, 『루터에게 설교를 맡겨라』, 목회와 신학 총서 설교 제 10권 (서울: 두란노아카데미, 2011); 권진호, 김정희 공저, 『루터, 겨울에 설교하다』 (서울: KMC, 2014); 권진호, "매일의 설교가' 마틴 루터," 「신학사상」 145 (2009), 223-244; "루터의 고난주간과 부활주간 설교의 핵심주제 '우리를 위한 그리스도'," 「신학사상」 148 (2010), 201-236; "마틴 루터의 설교 이해," 「신학과 현장」 22 (2012), 277-304.

5) 참조. 권진호 역, 『루터를 안다. 루터의 신앙생활 안내서』 (논산: 대장간, 2019), 65-145.

6) 믿음과 사랑[선행]의 관계를 잘 보여주는 "불의한 재물에 관한 설교"에 대해 『루터를 안다. 루터의 신앙생활 안내서』, 149-177 참조.

7) 설교의 세 번째 부분은 복음서 내용 가운데 몇 가지 질문사항을 다루고 있다. 아브라함의 품이란 무엇인지, 여기서 말하는 지옥(개역 개정에는 음부라고 되어 있지만, 루터역 성서에는 지옥으로 되어 있다)이 마지막 날에 가게 되는 실제 지옥인지 등이다.

8) 이에 대해서는 권진호 역, 『루터를 안다』 (논산: 대장간, 2019), 149-177 참조.

9) 바바라는 3세기 초기 기독교의 동정녀이자 순교자로 축일은 12월 4일이다. 그리고 세바스티안은 3세기 로마의 군인이었으나 기독교로 개종한 죄목으로 파직, 순교하였다. 그는 4세기 이후 가톨릭교회와 동방정교회에서 순교자와 성자로 숭배되었다. 축일은 1월 20일이다. 두 성자의 공통점은 독일 개신교회에서도 성자

로 존경받고 있다는 점이다.

10) WA 8, 340, 340-397. - 포스틸레는 설교를 준비하는 사람이나 회중 앞에서 낭독하는 사람을 위해 루터가 쓴 소위 성경 강해집(설교집)이다.

11) 카르투지오 수도회는 엄격한 규율을 지키기로 유명하였고, 설교가 수도회는 소위 도미니크 수도회로 불린다. 루터는 어거스틴 은둔자 수도회 소속이었고, 맨발의 수도사는 프란시스코 수도회를 의미한다.

12) 요한복음 19장에 따르면 예수님의 옷은 통으로 짜인 것이 아니어서 나눠지 않았다. 이 그리스도의 성의의 행방에 대해서는 몇몇 구전들이 전해진다. 그런데 12세기 이후로 트리어에 보관된 성의가 점점 중요하고 특별한 의미를 얻게 되었다.

13) 그로셴은 은화, 굴덴은 금화이다.

14) 중세 로마 가톨릭교회의 가르침에 따르면, 모든 사람에게 구속력이 있는 '계명'(십계명)과는 구별되는 12개의 '복음적인 권고'가 있다. 자발적인 복종을 통하여 의무의 행위보다 더 많이 행함으로 공로를 얻는다고 생각한 것이다. 복음적인 권고는 다음과 같다. 1) 청빈(마 6:19; 19:21). 2) 순종(마 16:24). 3) 순결(마 19:12). 4) 원수 사랑(마 5:44). 5) 악에 대적하지 않음(마 5:39). 6) 요구보다 더 많이 줌(눅 6:29). 7) 맹세하지 않음(마 5:34). 8) 죄지을 상황을 피함(마 18:8). 9) 위선자가 되지 않도록 신중할 것(마 6:1; 7:5). 10) 가르친 대로 행함(마 7:15 이하). 11) 생계를 걱정하지 않음(마 6:25). 12) 형제에 대한 권고(마 18:15).

15) "공동생활 형제단"은 14세기 네덜란드에서 일어난 운동으로 새롭고 자유로운 방식으로 수도사 이상을 실현하고자 하였다.

16) 로마의 현인 세네카.

17) 열광주의자들은 설교, 즉 외적인 말씀과 성례전을 경시하였다. 그들은 이것들을 성령으로 충만한 자신들에게는 더 이상 의미가 없는 외적인 것과 표시로 간주하였다.

18) 가톨릭교회는 창 3:15의 여자의 후손을 마리아로 이해하였다.

19) 성자 게오르그는 카파도키아의 군인으로 디오클레티안 황제의 박해로 순교하였다. 그는 중세시대에 가장 많이 숭배된 성자이자 구난자(救難者)였다.

20) 크리스토포로스는 그리스도를 등에 업은 자로서 널리 알려진 독일 전설의 대상이고 민중의 구난자 가운데 하나로 유명하였다.

21) 그리스도의 참된 몸과 피의 실재론을 거부하는 자들

22) 1519년 6월 27일부터 7월 19일까지 라이프치히(Leipzig)에서는 개신교를 대표하는 루터와 칼슈타트가 로마 가톨릭 신학자 에크(Johannes Eck)와 라이프치히 토론을 벌였다. 루터는 6월 29일 바님(Herzog Barnim von Pommern, 비텐베르크대학교의 총장)공작의 요청으로 플라이센부르크(Pleissenburg)성에서 설교했다. 루터는 베드로의 고백(마 16:13-19)을 본문으로 라이프치히 토론 내용을 포괄하는 칭의론과 교회론(하나님의 은혜와 인간의 자유의지, 베드로의 사면권)을 설교하였다. 참조. 권진호, "'매일의 설교가' 마틴 루터," 「신학사상」 145 (2009), 236. - 라이프치히 토론에 관해서는 권진호, "마틴 루터와 라이프치히 토론," 「한국교회사학회지」 34 (2013), 115-142 참조.

23) 이 설교는 오후 설교이다. 루터는 오전에 행 2:1-4을 본문으로 설교하였다.

24) 의는 우리에게 전가되며 우리의 것으로 간주 되고[수동적], 그런 다음 우리는 행함 가운데 의롭게 되고 실제로 죄없이 살게 된다[능동적].

25) 참조. WA 10I1,359,21-362,8.